Hagamos plata
Adrian Reyes

Copyright © 2024 by Adrian Reyes

All rights reserved.

No portion of this book may be reproduced in any form without written permission from the publisher or author, except as permitted by U.S. copyright law.

Contents

1. Introducción — 2
2. Capítulo1 — 10
   ** El papel de la motivación en las finanzas personales**
3. Capítulo2 — 49
   Desarrollar una mentalidad de crecimiento para el éxito financiero
4. Capítulo3 — 68
   Construyendo riqueza a través de los hábitos
5. Capítulo4 — 104
   Superando reveses financieros y manteniéndose motivado

6. Capítulo 5 134
   Cambiando tu mentalidad de gastar a invertir

7. Capítulo 6 159
   Libertad financiera y el último empuje

8. Capítulo 7 176
   El poder del ahorro

Para aquellos que no llegan a fin de mes, pero aún siguen intentándolo.

Introducción

Seguramente has escuchado la frase: *"El dinero no compra la felicidad."* Y, en un sentido romántico o idealista, es cierto. Pero seamos sinceros: el dinero no garantiza la felicidad, pero sí puede facilitar la vida de maneras que nos acercan a ella.

Te permite respirar con calma cuando llegan las facturas, darte un gusto ocasional y evitar tener que decidir entre guacamole y llenar el tanque de gasolina. Para la mayoría de nosotros, la paz financiera no se trata de jets privados o mansiones lujosas. Es no despertar con sudor frío preguntándote si tu sueldo de este mes cubrirá el alquiler del próximo.

La verdad es que no necesitas ser rico para vivir con riqueza. Solo necesitas pensar de manera diferente sobre el dinero. Eso es lo que trata este libro: enseñarte cómo tomar decisiones más inteligentes, cambiar tu mentalidad y vivir en grande, incluso si tu cuenta bancaria no tiene cifras de seis dígitos.

Imagina esto: Te despiertas un sábado soleado, preparas tu taza de café favorita y sales a caminar sin una sola preocupación sobre cómo pagarás las compras, los servicios o ese brunch ocasional. No persigues sueños millonarios ni estás atrapado en una cultura de "hustle" que promete riqueza pero te deja agotado. Simplemente estás viviendo cómodamente, con confianza y en tus propios términos.

¿Suena bien, verdad? La mejor parte es que es alcanzable.

¿Por qué este libro?

El mundo financiero tiende a complicar las cosas. Hablan de carteras, diversificación, volatilidad del mercado y otros términos intimidantes. O te dicen que la única manera de "triunfar" es construir un imperio tecnológico, invertir en bienes raíces o convertirte en influencer. Pero seamos honestos, eso no es para todos. Y no tiene por qué serlo.

Este libro es diferente. No es una guía para hacerte rico rápidamente, ni un manual aburrido de finanzas personales. Es un enfoque práctico y honesto para dominar tu dinero. Se trata de crear una vida donde tus finanzas trabajen para ti, no al revés. Ya sea que estés ahogado en deudas, viviendo al día o simplemente buscando formas de maximizar tus ingresos, este libro te ayudará a avanzar desde donde estás ahora.

Hablaremos de cómo:

- Cambiar tu mentalidad para dejar de sentirte limitado, incluso si no eres rico.

- Dominar estrategias financieras simples que construyan riqueza con el tiempo, sin agotarte.

- Maximizar cada dólar para que tu dinero trabaje de manera más inteligente, no más difícil.

- Evitar la inflación del estilo de vida y encontrar alegría en lo que realmente importa.

- Crear un plan financiero que se alinee con tus metas, valores y felicidad.

Esto no se trata de privación o eliminar cada pequeño placer. Puedes disfrutar de tu tostada de aguacate y ahorrar al mismo tiempo. Se trata de tomar decisiones intencionales para disfrutar el presente mientras construyes un futuro seguro.

El poder de la mentalidad

Antes de entrar en detalles sobre presupuestos, estrategias de ahorro y metas financieras, hablemos de algo crucial: tu mentalidad.

El dinero no son solo números en una cuenta bancaria; está profundamente ligado a nuestras emociones, hábitos y creencias. Muchos de nosotros crecemos con historias limitantes sobre el dinero:

- "Nunca ganaré lo suficiente para sentirme seguro".
- "Los ricos son codiciosos o egoístas".
- "Si no gano seis cifras, siempre lucharé".

¿Te suenan familiares? Estas historias son más comunes de lo que piensas. Pero aquí están las buenas noticias: son solo eso, historias. Y las historias pueden reescribirse.

En este libro, aprenderás a cultivar una mentalidad que te empodere para tomar el control de tu dinero sin miedo, culpa ni vergüenza. Verás el dinero como una herramienta, no como una fuente de estrés.

Por qué la libertad financiera no es solo para los ricos

La libertad financiera no se trata de yates o islas privadas; se trata de elecciones. Es la capacidad de decir sí a lo que importa y no a lo que no. Es el poder de perseguir tus pasiones, pasar tiempo con tus seres queridos y vivir sin estrés financiero constante.

Por ejemplo, un maestro que gana $50,000 al año, sin deudas y con un plan financiero claro, puede tener más libertad que un abogado que gana $200,000 pero está agobiado por deudas de tarjetas de crédito y una hipoteca insostenible.

Viviendo en grande con un presupuesto pequeño

El secreto real es que no necesitas un salario de seis cifras para vivir una vida rica y plena. Solo necesitas encontrar el equilibrio entre gastar sabiamente y disfrutar de las cosas que te hacen feliz.

En este libro, compartiré estrategias prácticas para estirar tus ingresos sin sentirte limitado. Aprenderás a crear un presupuesto que funcione para tu estilo de vida, evitar la trampa de la inflación del estilo de vida y construir una vida rica, sin importar tus ingresos.

Lo que aprenderás en este libro:

- **Fundamentos de la libertad financiera:** cómo cambiar tu mentalidad, establecer metas claras y construir hábitos que apoyen tu éxito financiero.

- **Gestión del dinero:** estrategias simples para presupuestar, ahorrar y pagar deudas sin sacrificar tu felicidad.

- **Vivir bien hoy y mañana:** cómo equilibrar el disfrute del presente con la planificación del futuro.

- **Construir riqueza a tu manera:** formas inteligentes y sostenibles de aumentar tu riqueza con el tiempo, incluso comenzando desde cero.

Al final de este libro, tendrás las herramientas, la mentalidad y la confianza para tomar el control de tu futuro financiero. ¡Es hora de transformar tu relación con el dinero y, en el proceso, transformar tu vida!

"La libertad financiera no se trata de ser rico; se trata de ser inteligente, intencional y libre para disfrutar la vida que realmente quieres".

Capítulo 1

** El papel de la motivación en las finanzas personales **

Entendamos la conexión entre la motivación y el éxito financiero.

La motivación es el motor detrás de las decisiones financieras. Ya sea el deseo de ahorrar para el futuro, invertir sabiamente o pagar deudas, la motivación impulsa la acción. Pero la motivación es más que un simple sentimiento; es una fuerza constante que necesita ser cultivada y mantenida.

Quiero hablar de un tema que es central en la vida de muchos de nosotros: la motivación para alcanzar metas financieras. Ya sea que estés ahorrando para la casa de tus sueños, planificando tu jubilación o esforzándote por iniciar tu propio negocio, la motivación juega un papel crucial para convertir las aspiraciones financieras en realidad.

Las metas financieras son más que aspiraciones; son la base de la estabilidad e independencia financiera. Le dan un propósito a nuestro dinero, guiando nuestras decisiones y ayudándonos a priorizar lo que realmente importa. Proporcionan dirección, transformando los gastos sin rumbo en acciones intencionales y los sacrificios a corto plazo en avances significativos. Sin embargo, establecer una meta financiera es solo el primer paso. El verdadero desafío está en mantener la motivación para alcanzarla, especialmente frente a los inevitables obstáculos de la vida, como gastos inesperados, cambios en las prioridades o la tentación de la gratificación instantánea.

La motivación no es solo un estallido fugaz de energía; es el motor constante que nos impulsa hacia adelante. Transforma un sueño vago en un plan tangible y nos sostiene cuando el camino se torna difícil. Sin motivación, incluso el plan financiero más cuidadosamente elaborado puede fracasar.

El papel crítico de la motivación en el logro de metas financieras

El éxito financiero rara vez es inmediato; es un maratón, no un sprint. La motivación nos ayuda a mantener la vista en la meta, brindándonos la claridad para recordar por qué comenzamos el viaje. Ya sea el sueño de ser dueño de una casa, la libertad de vivir sin deudas o la promesa de una jubilación anticipada, la visualización es una herramienta poderosa.

Imagina el momento en que logras tu objetivo: las llaves de tu primera casa en tu mano, la calidez de una puesta de sol en el destino de tus sueños o la tranquilidad de saber que tu futuro financiero está asegurado. Esta imagen vívida transforma una idea abstracta en un anclaje emocional, haciendo que los sacrificios en el camino, como evitar una compra de lujo o ceñirse a un presupuesto estricto, se sientan significativos y valgan la pena.

La planificación financiera no es un camino recto; es una ruta llena de desvíos inesperados. Surgen emergencias, las inversiones pueden no rendir como se esperaba, y los momentos de duda pueden poner a prueba tu determinación. La motivación es la fuerza interior que te ayuda a superar estas tormentas. Te recuerda que el progreso no es lineal y que cada pequeña victoria te acerca a tu meta final. Celebrar los hitos en el camino, ya sea pagar una pequeña deuda, alcanzar un objetivo de ahorro o cumplir con tu presupuesto durante un mes, reaviva tu determinación. Estos momentos de progreso, por modestos que sean, confirman que estás en el camino correcto.

Aunque la motivación es la chispa que enciende el fuego, la disciplina y los hábitos son el combustible que lo mantiene ardiendo. La motivación ayuda a establecer la base para comportamientos financieros consistentes: crear un presupuesto, reservar ahorros o contribuir regularmente a inversiones. Con el tiempo, estas acciones se convierten en algo automático, requiriendo menos esfuerzo para mantenerse. Incluso cuando la motivación disminuye, como inevitablemente ocurre, los hábitos que has construido te mantendrán avanzando. Esta sinergia entre motivación y disciplina crea un ciclo de éxito: la motivación inspira acción, la acción genera impulso y el impulso sostiene la motivación.

La motivación es el catalizador que transforma las aspiraciones financieras en realidad. Nos mantiene enfocados en la visión a largo plazo, nos fortalece frente a los desafíos y nos ayuda a construir los hábitos necesarios para el éxito sostenido. Lograr metas financieras no se trata solo de números en una hoja de cálculo; se trata de alinear nuestras acciones con nuestros valores y aspiraciones más profundos. Al cultivar y nutrir la motivación, aseguramos que nuestro camino hacia la estabilidad e independencia financiera no solo sea alcanzable, sino profundamente gratificante.

Estrategias prácticas para mantener tu motivación

1. Establece metas financieras

EMART: Haz que sean Específicas, Medibles, Alcanzables, Relevantes y con un Tiempo definido. Por ejemplo, en lugar de decir: "Quiero ahorrar dinero", establece una meta como: "Ahorraré $10,000 en dos años para el pago inicial de una casa".

Divídelo en partes

Dividir tu objetivo en hitos más pequeños y manejables es una estrategia comprobada basada en principios psicológicos y prácticos. Las metas grandes y ambiciosas a menudo pueden parecer abrumadoras o lejanas, lo que dificulta mantener la motivación. Dividirlas en pasos alcanzables transforma lo que podría parecer inalcanzable en una serie de acciones realizables, proporcionando claridad y un sentido de dirección.

¿Por qué son importantes los hitos?

Claridad y enfoque:

Los hitos más pequeños ayudan a simplificar la complejidad de una meta mayor. En lugar de sentirte intimidado por la totalidad de la tarea, los hitos te permiten concentrarte en acciones o fases específicas. Por ejemplo, en lugar de centrarte en "ahorrar $10,000", podrías proponerte ahorrar $500 al mes. Este enfoque claro proporciona una hoja de ruta concreta, reduce la ansiedad y aumenta la confianza.

Victorias psicológicas:

Lograr un hito, por pequeño que sea, desencadena una sensación de logro. Esto está vinculado al sistema de recompensa del cerebro, donde la liberación de dopamina refuerza el comportamiento positivo. Estas "mini-victorias" actúan como impulsos motivacionales, recordándote que estás progresando e inspirándote a abordar el siguiente paso con energía renovada.

Construcción de impulso:

El éxito genera éxito. Cada hito que alcanzas construye impulso, haciendo que el siguiente paso se sienta más alcanzable. El impulso es un poderoso motivador y transforma pequeñas acciones en una fuerza acumulativa que te impulsa hacia adelante.

Refuerzo de la autoconfianza:

Cada hito cumplido refuerza la creencia de que la meta más grande es alcanzable. Este desarrollo gradual de confianza contrarresta las dudas y el desaliento. Con el tiempo, esta creencia se convierte en una profecía autocumplida: cuanto más logras, más capaz te sientes de completar todo el recorrido.

Celebrar mini-victorias

Celebrar hitos no se trata solo de indulgencia; se trata de reforzar el progreso que has logrado y darte permiso para reconocer tu esfuerzo.

¿Por qué es importante celebrar?

Motivación sostenida: Reconocer logros, por pequeños que sean, crea asociaciones positivas con el proceso. Esto te mantiene comprometido y motivado para seguir trabajando hacia el próximo hito.

Equilibrio emocional: El camino hacia una meta importante puede ser agotador, tanto emocional como físicamente. Las celebraciones proporcionan momentos de alegría y alivio, ayudándote a combatir el agotamiento y mantener una perspectiva positiva.

Redefinir sacrificios: Las celebraciones te recuerdan que el viaje no se trata solo del destino. Transforman los sacrificios, como reducir gastos innecesarios o trabajar horas extra, en pasos esenciales hacia el éxito.

¿Cómo implementar hitos de manera efectiva?

Define pasos específicos: Divide tu objetivo en partes accionables y medibles. Por ejemplo, si tu meta es pagar $15,000 en deudas, divídelo en incrementos de $1,000 con plazos específicos.

Rastrea tu progreso: Usa un rastreador visual o un diario para monitorear cada hito. Ver tu progreso en forma tangible aumenta la motivación.

Planifica celebraciones: Alinea tus recompensas con tu progreso. Después de ahorrar una cantidad establecida, date un gusto modesto pero significativo, como una comida favorita o un pequeño regalo.

Rastrea tu progreso

Rastrear el progreso es una pieza clave para lograr cualquier objetivo, particularmente los financieros, porque proporciona evidencia tangible de tus esfuerzos y resultados. El proceso de monitoreo no solo te mantiene informado, sino que también actúa como un motivador psicológico, reforzando comportamientos positivos y permitiéndote ajustar tus estrategias según sea necesario. Ya sea mediante aplicaciones de presupuesto, hojas de cálculo o incluso un cuaderno, el acto de rastrear crea un marco de responsabilidad y éxito.

¿Por qué es esencial rastrear el progreso?

Visibilidad y conciencia: Las metas financieras suelen involucrar múltiples elementos, como ingresos, gastos, ahorros e inversiones. Sin un seguimiento adecuado, es fácil perder de vista estos detalles y pasar por alto oportunidades de mejora. Un registro claro de tus actividades financieras destaca hacia dónde va tu dinero y cómo se alinea con tus metas.

Motivación a través de un progreso medible: Ver evidencia concreta de tu avance es increíblemente motivador. Por ejemplo, observar cómo crece tu cuenta de ahorros o cómo disminuye tu deuda te recuerda que tus esfuerzos están dando frutos. Estas señales visuales reafirman tu compromiso y hacen que la meta abstracta se sienta alcanzable.

Responsabilidad: El seguimiento introduce un nivel de responsabilidad al crear un registro de tus decisiones. Esta responsabilidad desalienta acciones impulsivas, como gastos innecesarios, porque las consecuencias se hacen visibles de inmediato en tu herramienta de seguimiento.

Adaptabilidad y control: Las trayectorias financieras rara vez son lineales. Los gastos inesperados o cambios en los ingresos pueden interrumpir tus planes. Al rastrear regularmente, puedes identificar estas interrupciones temprano y ajustar tu estrategia para mantenerte en el camino. Por ejemplo, si un gasto reduce tu capacidad de ahorrar un mes, puedes planificar para compensarlo en los meses siguientes.

Los beneficios de usar herramientas

Aplicaciones de presupuesto: Aplicaciones como **Mint**, **YNAB (You Need A Budget)** o **PocketGuard** están diseñadas específicamente para el seguimiento financiero. Estas herramientas categorizan automáticamente los gastos, proporcionan actualizaciones en tiempo real y generan informes visuales que hacen que comprender tu panorama financiero sea fácil e intuitivo.

Top of Form

Hojas de cálculo:

Una hoja de cálculo simple ofrece flexibilidad y personalización. Con herramientas como Excel o Google Sheets, puedes crear rastreadores personalizados adaptados a tus objetivos específicos, desde metas de ahorro hasta calendarios de pago de deudas. Las hojas de cálculo son particularmente útiles para quienes disfrutan tener control directo sobre sus datos.

Seguimiento físico:

Para algunos, anotar manualmente el progreso en un diario o planificador es una experiencia táctil y gratificante. Este método puede combinarse con herramientas visuales como gráficos o barras de progreso para hacer que los hitos se sientan aún más tangibles.

¿Cómo el seguimiento mejora la motivación?

Celebrar hitos:

Registrar cada pequeña victoria, como alcanzar un objetivo de ahorro o pagar una tarjeta de crédito, genera un impulso psicológico que te mantiene motivado.

Convertir los datos en acción:

Las revisiones regulares de tus datos rastreados te permiten identificar patrones, como gastos excesivos en ciertas categorías, y tomar medidas correctivas antes de que se conviertan en un problema mayor.

Construir confianza:

El seguimiento constante proporciona una prueba irrefutable de tu capacidad para progresar. Esto refuerza la confianza en tu capacidad de alcanzar metas financieras más grandes.

Mejores prácticas para rastrear el progreso

Establece revisiones regulares: Revisa tu herramienta de seguimiento semanal o mensualmente para mantenerte actualizado sobre tu progreso y hacer ajustes.

Sé honesto y minucioso: Registra todos los gastos e ingresos con precisión para obtener una visión real de tu salud financiera.

Usa elementos visuales: Gráficos, tablas o rastreadores codificados por colores hacen que tu progreso sea más atractivo y fácil de entender.

Visualiza el éxito

La visualización es una poderosa técnica psicológica que convierte metas abstractas en aspiraciones vívidas y tangibles. Al crear una imagen mental clara de cómo se verá el éxito, te conectas emocionalmente con tus objetivos, haciendo que se sientan más reales y alcanzables. Herramientas visuales como un tablero de visión o una foto del resultado deseado refuerzan esta conexión, actuando como recordatorios diarios de por qué te esfuerzas y ayudándote a mantener el enfoque frente a las distracciones.

¿Por qué funciona la visualización?

Conexión emocional:

Las metas puramente lógicas o numéricas a veces pueden parecer distantes e impersonales. La visualización cierra esta brecha al vincular tus aspiraciones con emociones. Por ejemplo, ver una foto de la casa de tus sueños no es solo un recordatorio de tu objetivo financiero; evoca sentimientos de comodidad, orgullo y logro. Estas emociones son un fuerte motivador para seguir trabajando hacia tu meta.

Involucrar la mente subconsciente:

La visualización activa tu subconsciente, programándolo para centrarse en las acciones necesarias para alcanzar tu objetivo. Este proceso alinea tus pensamientos, decisiones y comportamientos con el resultado deseado. Al ver regularmente señales visuales de éxito, priorizas tareas y hábitos que te acercan a tu objetivo sin darte cuenta.

Refuerzo de la motivación:

Una imagen clara de tu objetivo hace que los sacrificios se sientan valiosos. Por ejemplo, evitar una compra de lujo se vuelve más fácil cuando puedes ver cómo ese dinero ahorrado contribuye a algo significativo, como unas vacaciones familiares o pagar una deuda. Los recordatorios visuales te anclan a tu "por qué", manteniéndote inspirado durante los momentos difíciles.

Fomentar positividad y resiliencia:

La visualización crea una mentalidad positiva. En lugar de centrarte en los obstáculos o contratiempos, te recuerdas constantemente lo que es posible. Este enfoque en lo positivo construye resiliencia, animándote a perseverar incluso cuando el progreso parece lento.

Uso efectivo de herramientas visuales

Tableros de visión:

- **Qué son:** Un tablero de visión es un collage de imágenes, palabras y símbolos que representan tus metas. Para aspiraciones financieras, podría incluir fotos de un auto soñado, una casa o un destino de viaje, junto con frases motivadoras o cifras que simbolicen tus objetivos de ahorro.

- **Cómo ayudan:** El proceso de crear un tablero de visión te obliga a aclarar tus metas, desglosándolas en elementos específicos y visuales. Colocarlo en un lugar prominente mantiene esas metas presentes en tu vida diaria.

Fotos o símbolos:

- **Qué son:** Una foto u objeto único que encapsula tu meta, como una imagen del campus universitario para el que estás ahorrando o un pasaporte que represente tus sueños de viajar.

- **Cómo ayudan:** Recordatorios simples y enfocados son fáciles de integrar en tu rutina diaria. Colocarlos en tu escritorio, refrigerador o pantalla de bloqueo del teléfono asegura una exposición frecuente.

Prácticas diarias de visualización:

- **Qué es:** Dedicar unos minutos cada día a imaginarte logrando tu meta, como entrar a tu nuevo hogar, ver un saldo cero en un estado de deuda o disfrutar las emociones de unas vacaciones soñadas.

- **Cómo ayuda:** La repetición fortalece tu creencia en tu capacidad para tener éxito y fomenta un sentido de anticipación y entusiasmo por el viaje que tienes por delante.

La ciencia detrás de la visualización

La investigación en neurociencia sugiere que el cerebro no distingue mucho entre imaginar vívidamente una experiencia y vivirla realmente. Esto significa que visualizar el éxito puede activar vías neuronales similares a las del logro real, preparando tu cerebro para las acciones necesarias para convertir la visión en realidad. Los estudios han demostrado que la visualización aumenta la confianza, mejora el enfoque y potencia el comportamiento orientado a metas.

Mejores prácticas para la visualización

- **Hazlo específico:** Las metas vagas como "tener estabilidad financiera" son más difíciles de visualizar. En cambio, céntrate en resultados concretos, como "ahorrar $20,000 para un pago inicial" o "pagar $5,000 de deuda en dos años".

- **Revísalo regularmente:** La consistencia es clave. Haz de la visualización un hábito diario, ya sea mirando tu tablero de visión o dedicando cinco minutos a imaginar el éxito.

- **Combina con acción:** La visualización es una herramienta, no un reemplazo del esfuerzo. Úsala para mantenerte motivado, pero acompáñala con pasos accionables.

Rodéate de apoyo

El camino para alcanzar cualquier meta, especialmente las financieras, rara vez es un esfuerzo solitario. Rodearte de una red de apoyo—amigos, familia, mentores o incluso personas con objetivos similares—puede mejorar significativamente tus posibilidades de éxito.

Los sistemas de apoyo proporcionan ánimo, responsabilidad y perspectiva, actuando como una red de seguridad cuando surgen desafíos y como una barra de ánimo cuando haces progresos. Compartir tus metas con otros no se trata solo de buscar validación; se trata de crear un entorno que fomente la motivación, la responsabilidad y el crecimiento.

¿Por qué importa el apoyo?

Ánimo durante los desafíos:

El camino hacia el éxito financiero está lleno de obstáculos, desde gastos inesperados hasta momentos de duda. Una red de apoyo ofrece ánimo cuando la motivación flaquea. Escuchar a un amigo decir: "Tú puedes hacerlo" o a un mentor recordarte tu progreso puede ser el impulso que necesitas para mantenerte enfocado en tiempos difíciles.

Responsabilidad:

Compartir tus metas con otros crea un sentido de responsabilidad. Cuando le cuentas a alguien sobre tus planes, como ahorrar para un pago inicial o pagar una deuda, es más probable que te mantengas firme en ellos. Los socios de responsabilidad pueden verificar tu progreso, celebrar tus logros y recordarte suavemente tus compromisos si te desvías.

Perspectiva y orientación:

Mentores de confianza o amigos con experiencia financiera pueden ofrecer perspectivas y consejos invaluables. Te ayudan a evitar errores comunes, proponen estrategias para superar obstáculos y comparten lecciones de sus propios recorridos. A veces, una perspectiva externa es todo lo que necesitas para aclarar tus próximos pasos.

Refuerzo de hábitos positivos:

Rodearte de personas que comparten metas o valores similares puede reforzar tu compromiso. Por ejemplo, pasar tiempo con amigos que priorizan el ahorro o evitan gastos innecesarios puede inspirarte a mantener esos hábitos también. La influencia positiva de tus pares se convierte en un motivador en lugar de una distracción.

Los beneficios psicológicos del apoyo

La investigación demuestra que el apoyo social mejora el bienestar emocional y la resiliencia, factores críticos al perseguir metas a largo plazo. Compartir tus ambiciones con otros reduce los sentimientos de aislamiento, proporciona un sentido de pertenencia y crea un sistema de apoyo para celebrar tus avances o afrontar contratiempos.

¿Cómo construir y aprovechar sistemas de apoyo?

Comparte estratégicamente: Sé intencional con quién compartes tus metas. Elige personas confiables, solidarias y alineadas con tus valores. Esto puede incluir amigos cercanos, familiares, colegas o incluso un asesor financiero.

Crea un sistema de socios de responsabilidad: Encuentra a alguien que tenga una meta o mentalidad similar. Por ejemplo, si estás ahorrando para una gran compra, encuentra a alguien que también trabaje hacia la independencia financiera. Programa chequeos regulares para discutir el progreso, los desafíos y los próximos pasos.

Busca mentoría: Un mentor con experiencia en planificación financiera o establecimiento de metas puede ofrecer consejos personalizados y motivación. Su perspectiva puede ayudarte a superar desafíos más eficazmente y a mantener la motivación.

Involúcrate en comunidades: Únete a foros en línea, grupos en redes sociales o encuentros locales dedicados a temas financieros. Participar en una comunidad de personas con ideas afines crea un sentido de camaradería y brinda acceso a recursos y estrategias compartidas.

Celebra en conjunto: Comparte tus hitos con tu red de apoyo, ya sea pagar una tarjeta de crédito, alcanzar una meta de ahorro o mantener tu presupuesto durante seis meses. Celebrar con otros refuerza los comportamientos positivos que te ayudaron a tener éxito.

Equilibrar independencia con apoyo

Aunque el apoyo es invaluable, es esencial mantener la propiedad de tus metas. Tu red de apoyo está ahí para ayudarte, no para dictar o controlar tu camino. Usa su ánimo y consejos como herramientas para mejorar tu progreso mientras te mantienes fiel a tu propia visión y valores.

Recompénsate en el camino

Planifica pequeñas recompensas al alcanzar hitos. Consentirte con moderación puede prevenir el agotamiento y hacer que el viaje sea más agradable.

Recuerda, la motivación te pone en marcha, pero la consistencia es lo que lleva al éxito. Como dice el refrán: "Un viaje de mil millas comienza con un solo paso". En el contexto de las metas financieras, ese paso podría ser crear un presupuesto, establecer un fondo de emergencia o realizar tu primera inversión. Cada paso te acerca a tu meta.

Al final, alcanzar metas financieras no se trata solo de dinero, sino de la libertad, seguridad y oportunidades que el éxito financiero brinda. La motivación es el combustible que impulsa este viaje, pero la verdadera recompensa reside en lo que esas metas financieras te permiten hacer:

proveer a tus seres queridos, perseguir tus pasiones y vivir la vida en tus propios términos.

Mantente motivado, mantén la disciplina y recuerda: cada pequeña decisión que tomes hoy es un paso hacia un futuro financiero más brillante. Comprometámonos a dar esos pasos juntos, un día a la vez.

El soñador y el escéptico

En un pequeño pueblo rodeado de colinas, vivían dos amigos de la infancia, Emma y Jack. Ambos crecieron en hogares modestos, donde sus padres trabajaban arduamente para llegar a fin de mes. Sin embargo, al llegar a la adultez, los dos amigos adoptaron enfoques muy diferentes hacia el dinero.

Emma siempre fue una soñadora. Desde joven, se imaginaba siendo independiente financieramente. Soñaba con tener una casa junto al lago, viajar por el mundo y dirigir su propio negocio. Pero Emma no solo soñaba; actuaba. Estudió finanzas personales, escuchó podcasts, leyó libros y aprovechó cada oportunidad para aprender sobre inversión, ahorro y creación de riqueza. Lo más importante, se mantenía motivada enfocándose en sus metas a largo plazo.

Jack, en cambio, era más cauteloso y escéptico. A menudo pensaba que la independencia financiera era solo para unos pocos afortunados o para quienes tenían mayores ingresos. "Es más fácil para quienes tienen ventaja", decía Jack. "El dinero simplemente no funciona como debería para personas como yo". Jack creía que trabajar duro en su empleo eventualmente le daría frutos, pero nunca entendió realmente la importancia de la motivación o de la planificación financiera proactiva. Estaba conforme viviendo de cheque en cheque, gastando con demasiada libertad y sin ahorrar ni invertir.

Una tarde de verano, Emma invitó a Jack a cenar en su apartamento. Había recibido un bono inesperado por su trabajo como freelance y acababa de hacer una gran inversión en una propiedad para alquiler. El apartamento era acogedor, pero Emma lo había transformado en un espacio lleno de promesas, como si se estuviera preparando para algo más grande.

—Jack, no te imaginas cuánto he avanzado —dijo Emma mientras servía dos copas de vino—. He estado trabajando en mis metas financieras los últimos años, y están dando resultados. Aún no estoy donde quiero estar, pero voy en camino.

Jack la miró algo confundido. —¿Cómo lo haces, Em? No ganas tanto dinero. Pensé que solo hacías trabajos extra para ganar un poco más. ¿No es difícil mantenerte con todo esto de las inversiones?

Emma sonrió y dejó su copa sobre la mesa. —No se trata de ganar mucho dinero, Jack. Se trata de ser intencional con lo que hago con el dinero que tengo. Todo es cuestión de mantener la motivación, incluso cuando se pone difícil.

Jack levantó una ceja. —¿Qué quieres decir? Siempre pareces tan... enfocada. ¿Cómo te mantienes motivada cuando no ves resultados inmediatos?

Emma respiró hondo, pensando un momento. —Honestamente, todo comienza con la motivación. La motivación es el vínculo entre lo que quieres y lo que estás dispuesto a hacer para conseguirlo. No quiero ser rica solo por serlo. Quiero vivir con libertad, sin preocupaciones financieras. Estoy dispuesta a hacer sacrificios ahora, reducir lujos y usar mi tiempo y dinero sabiamente, para construir algo sostenible para el futuro.

Jack se recostó, procesando sus palabras. —Pero siempre escuché que se trata de tener las conexiones o las oportunidades adecuadas. Es fácil para quienes tienen suerte.

Emma negó con la cabeza. —No se trata de suerte, Jack. La motivación y la disciplina son la clave. Es un cambio de mentalidad. Tuve que cambiar la forma en que pensaba sobre el dinero. Una vez que hice eso, todo lo demás encajó.

La revelación de Jack

En las semanas siguientes, Jack no pudo dejar de pensar en las palabras de Emma. Notó que seguía poniendo las mismas excusas. Cada vez que pensaba en establecer un presupuesto o ahorrar para el futuro, se convencía de que no valía la pena porque no ganaba suficiente dinero o no tenía las conexiones adecuadas. Pero la pasión y determinación de Emma seguían regresando a su mente.

Un día, mientras almorzaba en un café, Jack tuvo una revelación. Tal vez no se trataba de que todo le llegara fácilmente. Tal vez se trataba de tener la mentalidad correcta. Decidió probar el enfoque de Emma.

Jack comenzó estableciendo pequeñas metas financieras realistas. Comenzó a rastrear sus gastos y a reducir compras innecesarias. Se enfocó en ahorrar el 10% de sus ingresos cada mes, aunque fuera una pequeña cantidad. Más importante aún, empezó a aprender sobre inversiones. Se inscribió en un curso en línea de finanzas personales y leyó sobre la importancia del interés compuesto y el poder del ahorro constante.

Al principio no fue fácil. Jack luchó contra las tentaciones, especialmente cuando quería comprar nuevos gadgets o comer en restaurantes caros. Pero seguía recordándose sus metas a largo plazo, y poco a poco empezó a ver progreso. Cada vez que ahorraba un poco más o tomaba una decisión financiera inteligente, sentía una oleada de logro.

El efecto dominó

Pasaron meses, y la mentalidad de Jack comenzó a cambiar. Mientras más se enfocaba en sus metas financieras, más motivado se sentía. Empezó a ver la conexión entre sus acciones y sus resultados. Ya no reaccionaba simplemente a los desafíos de la vida; estaba moldeando proactivamente su futuro financiero.

Una noche, después de asistir a un evento de networking, Jack llamó a Emma para compartir una noticia emocionante.

—No lo vas a creer, Em —dijo Jack—. Comencé a invertir en acciones y acabo de alcanzar mi meta de ahorro para este año. Es increíble ver cómo mi dinero está trabajando para mí.

La voz de Emma se iluminó de emoción. —¡Eso es increíble, Jack! ¡Estoy tan orgullosa de ti! ¿Ves? Solo necesitabas la motivación adecuada, y ahora estás en el camino hacia la libertad financiera.

Jack sonrió. —Ahora lo entiendo. No se trata de tener suerte o esperar la oportunidad adecuada. Se trata de tener la disciplina para tomar las decisiones correctas y mantenerse motivado para lograr las cosas que más importan.

Años después, Jack se encontró en un lugar que una vez pensó imposible. Había construido una cartera diversa de inversiones, ahorrado para el pago inicial de una casa y vivía una vida cómoda y segura. También había cambiado a una nueva carrera, alineada con sus pasiones, que le daba más control sobre su tiempo.

Una tarde, sentado en el porche de su nueva casa, Jack reflexionó sobre su recorrido. Pensó en sus primeros años y en cómo había sido escéptico e inseguro sobre su capacidad para lograr el éxito financiero. Pero también pensó en Emma, cuya confianza en sí misma y en su capacidad para controlar su futuro financiero lo había inspirado a actuar. No se trataba de suerte; se trataba de tomar las riendas de su destino financiero y mantenerse motivado, incluso cuando el camino parecía largo.

Mirando hacia el horizonte, Jack sonrió. Había aprendido la lección más importante de todas: la motivación no solo era el combustible para su éxito financiero, sino que había sido el catalizador que transformó sus sueños en realidad.

Moraleja de la historia

El éxito financiero no es accidental ni está reservado para unos pocos privilegiados. Es el producto de la motivación, la disciplina y una mentalidad que ve los desafíos como oportunidades. Al igual que Jack, cualquiera puede lograr la libertad financiera al comprender el vínculo entre la motivación y las acciones necesarias para alcanzar sus metas. Todo comienza con una decisión intencional, seguida de otra, hasta que el éxito se vuelve inevitable.

Capítulo 2

Desarrollar una mentalidad de crecimiento para el éxito financiero

El Poder de la creencia y cómo las mentalidades financieras moldean el futuro económico.

Imagina tu mente como un jardín, y tus creencias sobre el dinero como las semillas que plantas. Ya sea que creas que la riqueza es solo para unos pocos afortunados, o que puedes desarrollar tu libertad financiera con la mentalidad y las acciones correctas, estas creencias influyen en cómo interactúas con el dinero todos los días. Tu mentalidad sobre el dinero afecta cómo ahorras, gastas, inviertes e incluso cómo percibes el éxito y el fracaso.

En **El Poder de la Creencia**, exploramos cómo tus pensamientos sobre el dinero pueden ser una barrera o un trampolín hacia la prosperidad financiera. Ya sea que estés adoptando una mentalidad de abundancia o luchando con creencias limitantes, tu futuro financiero está profundamente conectado con las historias que te cuentas sobre el dinero. ¡Veamos cómo cambiar esas creencias puede desbloquear nuevas posibilidades de riqueza y bienestar!

Ya sea que estés trabajando para pagar deudas, construir riqueza o lograr la independencia financiera, cultivar una mentalidad de crecimiento puede ser el cambio decisivo que necesitas para desbloquear tu potencial.

Una mentalidad de crecimiento, un concepto popularizado por la psicóloga Dra. Carol Dweck, es la creencia de que las habilidades y la inteligencia pueden desarrollarse mediante el esfuerzo, el aprendizaje y la persistencia. En contraste con una mentalidad fija, donde las personas ven sus capacidades como estáticas, una mentalidad de crecimiento abraza los desafíos y ve los fracasos como oportunidades para crecer.

Aplicada a las finanzas, una mentalidad de crecimiento implica creer que puedes mejorar tu situación financiera, sin importar de dónde comiences. Se trata de cambiar de "Nunca seré bueno con el dinero" a "Puedo aprender a manejar mejor mi dinero".

¿Por qué importa una mentalidad de crecimiento para el éxito financiero?

Una mentalidad de crecimiento es la creencia de que las habilidades y la inteligencia pueden desarrollarse a través de la dedicación, el aprendizaje y el esfuerzo. Aplicada al éxito financiero, esta perspectiva fomenta la resiliencia, la adaptabilidad y un sentido de empoderamiento, cualidades esenciales para manejar las complejidades de las finanzas. Muchas personas limitan su potencial de manera inconsciente al aferrarse a mentalidades fijas, creyendo que son inherentemente malas con el dinero o que sus circunstancias son inmutables. Una mentalidad de crecimiento desafía estas creencias, transformándolas en oportunidades de mejora y progreso.

Los contratiempos financieros son inevitables, ya sea en forma de gastos inesperados, pérdida de empleo o errores de inversión. Estos desafíos pueden ser desalentadores, pero una mentalidad de crecimiento los percibe como oportunidades para aprender, adaptarse y salir fortalecido.

Resiliencia a través de la perspectiva

Una mentalidad fija podría interpretar un revés financiero como evidencia de fracaso, lo que conduce a la frustración o a rendirse. En contraste, una mentalidad de crecimiento ve los contratiempos como temporales y solucionables. Por ejemplo, una inversión fallida se convierte en una oportunidad para estudiar las tendencias del mercado y perfeccionar estrategias futuras.

Mentalidad de resolución de problemas

Con un enfoque orientado al crecimiento, los desafíos financieros se reformulan como acertijos por resolver en lugar de obstáculos insuperables. Esta mentalidad fomenta soluciones creativas, como encontrar nuevas fuentes de ingresos después de perder un empleo o ajustar un presupuesto para cubrir costos imprevistos.

La investigación psicológica demuestra que las personas con una mentalidad de crecimiento tienen más probabilidades de aceptar desafíos, perseverar ante las dificultades y ver el esfuerzo como un camino hacia la maestría. Estas características son cruciales para el éxito financiero, donde los contratiempos son comunes y la adaptabilidad es clave.

La neuroplasticidad, la capacidad del cerebro para adaptarse y formar nuevas conexiones, respalda la idea de que los hábitos financieros y el conocimiento pueden desarrollarse. Una mentalidad de crecimiento aprovecha este potencial, fomentando la creencia en tu capacidad para mejorar tu situación financiera con el tiempo.

¿Cómo desarrollar una mentalidad de crecimiento para el éxito financiero?

Edúcate sobre finanzas personales mediante libros, podcasts o cursos en línea. Cuanto más aprendas, más seguro te sentirás para tomar decisiones informadas.

Adopta el mantra: "Puede que no sepa esto todavía, pero puedo aprender."

Define una visión clara de lo que quieres lograr financieramente. Esto te dará un sentido de dirección.

Divide las metas grandes en pasos pequeños y alcanzables. Cada éxito aumenta tu confianza y refuerza tu creencia en tu capacidad de crecer.

Reformula los errores financieros: En lugar de verlos como fracasos, pregúntate: "¿Qué puedo aprender de esto?" Por ejemplo, si una inversión no dio los resultados esperados, analiza qué salió mal y cómo puedes tomar mejores decisiones la próxima vez.

Concéntrate en lo que has logrado hasta ahora, por pequeño que sea. La gratitud puede cambiar tu mentalidad de escasez a abundancia, alimentando tu motivación para seguir creciendo.

Cree que tu futuro financiero está lleno de oportunidades que puedes aprovechar con esfuerzo y perseverancia.

Únete a comunidades, encuentra mentores o conecta con amigos que te inspiren a crecer financieramente. Su energía y perspectiva pueden reforzar tu propia mentalidad de crecimiento.

La acción impulsa el progreso: Comienza con pequeños cambios, como rastrear gastos o automatizar ahorros, y construye sobre esos hábitos con el tiempo.

Recuerda: la clave del crecimiento es la consistencia, no la perfección.

Ejemplos de una mentalidad en acción

Mentalidad fija: "Nunca ganaré más dinero en mi carrera."

Mentalidad de crecimiento: "Puedo aprender nuevas habilidades para aumentar mi potencial de ingresos."

Mentalidad fija: "Invertir es demasiado complicado para mí."

Mentalidad de crecimiento: "Puedo empezar aprendiendo los conceptos básicos y ampliar mis conocimientos paso a paso."

Mentalidad fija: "Soy malo haciendo presupuestos."

Mentalidad de crecimiento: "Puedo encontrar un sistema que funcione para mí y practicar hasta mejorar."

Desarrollar una mentalidad de crecimiento no solo conduce al éxito financiero, sino que también fomenta la resiliencia, la confianza y un sentido de control sobre tu vida. Te ayuda a construir los hábitos y habilidades necesarios para lograr la independencia financiera, creando oportunidades para vivir la vida que deseas.

Mientras nos esforzamos por alcanzar el éxito financiero, recuerda que tu mentalidad es tu activo más poderoso.

Desarrollar una mentalidad de crecimiento no se trata de ser perfecto o de lograr el éxito de la noche a la mañana. Se trata de creer en tu capacidad para crecer, tomar acciones consistentes y convertir cada desafío en un escalón hacia adelante.

Comprometámonos a adoptar una mentalidad de crecimiento. Desafiémonos a aprender, adaptarnos y perseverar. Porque con la mentalidad adecuada, no hay límites para lo que podemos lograr financieramente y más allá.

Las dos hermanas

En una ciudad bulliciosa vivían dos hermanas, Lily y Sophie, que crecieron en el mismo hogar, rodeadas de las mismas circunstancias financieras. Sus padres eran trabajadores esforzados, pero su ingreso era modesto. Llevaban una vida sencilla, con poco espacio para los lujos. Sin embargo, a pesar de haber tenido una crianza similar, las dos hermanas tenían creencias muy diferentes sobre el dinero, y esas creencias marcarían el rumbo de sus vidas de maneras dramáticamente diferentes.

Lily, la mayor de las dos, siempre tuvo una sensación de escasez respecto al dinero. Creía que nunca era suficiente. Sus padres hablaban a menudo de las facturas acumulándose y del estrés por llegar a fin de mes, y Lily internalizó estas preocupaciones mientras crecía. Estaba convencida de que la seguridad financiera era algo reservado para los afortunados y que, sin importar cuánto trabajara, siempre habría un límite para lo que podría lograr. Se llevó esta creencia a la adultez y a su carrera, sin sentirse nunca realmente segura y preocupada constantemente de que un solo contratiempo la llevaría de vuelta al punto de partida.

Sophie, en cambio, tenía una perspectiva diferente. Aunque también fue testigo de las dificultades de sus padres, eligió creer que el dinero era una herramienta que podía gestionarse, crecer y aprovecharse. Sophie sentía curiosidad por las finanzas personales, y en lugar de ver el dinero como algo escaso, lo veía como algo que podía fluir libremente con la mentalidad y la estrategia correctas. Mientras su hermana se aferraba a la creencia de que el dinero era difícil de conseguir, Sophie creía que con el conocimiento y la disciplina adecuados, la abundancia financiera estaba al alcance.

Caminos divergentes

A medida que crecían, sus creencias sobre el dinero comenzaron a reflejarse en sus vidas.

Lily fue a la universidad y eligió una carrera estable en contabilidad. Trabajó con diligencia y ganaba un buen salario, pero siempre sentía que, sin importar cuánto ganara, nunca era suficiente. Siempre estaba preocupada por quedarse sin dinero, incluso cuando no había razones inmediatas para preocuparse. Ahorraba con cautela, pero dudaba en invertir o asumir riesgos financieros. Cada mes revisaba su cuenta bancaria con una sensación de temor, como si esperara lo peor. Vivía dentro de límites estrictos, negándose incluso pequeños placeres, convencida de que un solo error podría arruinar su futuro.

Por otro lado, Sophie tomó un camino diferente.

Después de graduarse, consiguió un trabajo en marketing digital, donde el potencial de crecimiento era alto. Sophie no ganaba tanto como Lily, pero tenía una mentalidad completamente diferente hacia el dinero. Creía que no se trataba solo de ganar más, sino de tomar decisiones inteligentes y crear oportunidades para crecer. Invirtió temprano en un portafolio diversificado, y cuando quería hacer una compra importante, como comprar un auto nuevo o irse de vacaciones, no dependía de tarjetas de crédito o préstamos; ahorraba primero. Sophie también trabajó en sus habilidades, aprendiendo sobre inversiones, emprendimiento y fuentes de ingresos pasivos, convencida de que su situación financiera podía mejorar a través del conocimiento y la acción.

Durante la siguiente década, sus situaciones financieras comenzaron a reflejar sus creencias.

Lily, a pesar de tener un trabajo estable, a menudo estaba ansiosa por el dinero. Mantenía sus gastos bajos, pero también evitaba invertir o explorar oportunidades de ingresos adicionales. Se sentía atrapada en un ciclo en el que, sin importar cuánto ahorrara, nunca era suficiente.

Su creencia en la escasez la llevó a una falta de crecimiento financiero. Incluso con un buen salario, no pudo construir la riqueza que esperaba. Mantenía sus ahorros en cuentas de bajo interés por miedo a perderlos.

Sophie, en cambio, vio cómo su riqueza crecía de manera constante. No solo ahorraba, sino que construía activos. Con el tiempo, sus inversiones en el mercado de valores y bienes raíces se valorizaron. También trabajó en un negocio secundario que le generaba ingresos pasivos. Gracias a su creencia en la abundancia, y a la idea de que el dinero podía crecer con las estrategias correctas, Sophie tomó decisiones que la prepararon para una libertad financiera a largo plazo. Cuando enfrentaba desafíos financieros, no entraba en pánico. Se adaptaba, aprendía y ajustaba su enfoque. Sophie entendía que el camino hacia la libertad financiera no era lineal, pero con la mentalidad adecuada, los contratiempos eran solo oportunidades para aprender y mejorar.

Una tarde, cuando las dos hermanas se reunieron para tomar un café, Lily no pudo evitar admirar la confianza tranquila de Sophie. Sophie acababa de comprar una casa de vacaciones con las ganancias de su negocio secundario y estaba planeando su próxima inversión. Mientras tanto, Lily se sentía estancada. A pesar de su arduo trabajo y empleo estable, tenía poco que mostrar por ello. Sus ahorros eran suficientes para emergencias, pero se sentía atrapada por sus ansiedades relacionadas con el dinero.

—No lo entiendo, Sophie —dijo Lily, revolviendo su café distraídamente—. Siempre hemos estado en el mismo barco, y ¿por qué parece que te va mucho mejor?

Sophie hizo una pausa, estudiando a su hermana con comprensión. —Creo que se debe a cómo vemos el dinero, Lily —dijo suavemente—. Tú lo ves como algo escaso, algo que siempre se te escapa. Yo lo veo como algo que puedo gestionar y hacer crecer.

Lily frunció el ceño. —Pero trabajo tan duro. ¿Por qué no es suficiente?

Sophie sonrió. —No se trata solo de trabajar duro, Lil. Se trata de cómo piensas sobre el dinero. Si crees que nunca será suficiente, siempre te sentirás ansiosa, sin importar cuánto ganes. Pero si crees que el dinero es una herramienta que puede usarse, gestionarse e invertirse sabiamente, todo cambia. Tu mentalidad moldea tus acciones, y tus acciones moldean tus resultados.

Lily miró su taza, dejando que el peso de las palabras de Sophie calara en ella. —¿Y si fracaso? ¿Y si tomo riesgos y todo se derrumba?

—Esa es la mentalidad de escasez hablando —respondió Sophie con suavidad—. Es normal tener miedo al riesgo, pero tienes que reformularlo.

Piensa en el fracaso como una lección, no como un desastre. Puedes aprender, ajustar y seguir adelante.

Sophie compartió con Lily los cambios de mentalidad que había adoptado a lo largo de los años: aprender a aprovechar oportunidades, asumir riesgos calculados y ver el dinero como un vehículo de crecimiento, no como un recurso finito para acumular.

La moraleja de la historia

La historia de Lily y Sophie muestra que el éxito financiero no está determinado únicamente por las circunstancias, sino por la mentalidad y las acciones. Una mentalidad de escasez, como la de Lily, genera miedo y estancamiento, mientras que una mentalidad de abundancia, como la de Sophie, fomenta el crecimiento, la adaptabilidad y el empoderamiento.

La lección es clara: tus creencias sobre el dinero moldean tu realidad financiera.

Al ver el dinero como una herramienta en lugar de una limitación, y al adoptar el aprendizaje, los riesgos calculados y la resiliencia, cualquiera puede pasar de simplemente sobrevivir a prosperar. El éxito no se trata de cuánto ganas, sino de cómo piensas, gestionas y haces crecer lo que tienes.

Capítulo 3
Construyendo riqueza a través de los hábitos

La importancia de la consistencia para alcanzar metas financieras.

El éxito financiero no se trata de lograr un gran golpe de suerte; se trata de construir hábitos que se acumulen con el tiempo. Este capítulo se centra en crear hábitos financieros diarios que puedan conducir a la riqueza a largo plazo.

Las acciones pequeñas y consistentes son los bloques de construcción de la riqueza. Ya sea ahorrar un pequeño porcentaje de tus ingresos, evitar compras impulsivas o invertir regularmente, los hábitos que formes hoy crearán tu realidad financiera mañana.

Los hábitos financieros funcionan como cualquier otro bucle de hábitos. Identificar los desencadenantes que conducen a malas decisiones financieras y reemplazarlos con mejores rutinas puede ayudar a romper el ciclo de deudas, gastos excesivos o falta de ahorros.

Configurar ahorros automáticos, pagos de facturas e inversiones puede eliminar fricciones y garantizar que contribuyas consistentemente a tus metas financieras. La automatización es una de las formas más fáciles de formar hábitos sostenibles y reducir la fatiga de decisión.

Celebrar incluso pequeñas victorias, como alcanzar un objetivo de ahorro o pagar una tarjeta de crédito, puede reforzar buenos hábitos y mantenerte motivado. Rastrear regularmente tu progreso financiero asegura que te mantengas en el camino y que puedas hacer ajustes si es necesario.

¿Qué pensarías si te dijera que la clave de la riqueza no se encuentra en una gran decisión, sino en los pequeños y consistentes hábitos que practicamos cada día?

Construir riqueza no se trata de tener suerte, ganar la lotería o heredar una fortuna. Se trata de tomar el control de tu vida financiera a través de los hábitos que formas, las decisiones que tomas y la mentalidad que cultivas. Así que profundicemos en cómo podemos construir riqueza un hábito a la vez.

¿Por qué importan los hábitos?

Piensa en esto: cada acción que tomas hoy, grande o pequeña, moldea tu futuro. La riqueza no llega de la noche a la mañana. Es el resultado de las elecciones que hacemos de manera consistente a lo largo del tiempo. Ahí es donde entran los hábitos. Los hábitos que construyen riqueza son esas pequeñas y aparentemente insignificantes acciones diarias que, a largo plazo, generan grandes resultados.

De hecho, los hábitos suelen ser más importantes que la fuerza de voluntad o la motivación. Mientras que la motivación puede ayudarte a empezar, son los hábitos los que te mantendrán avanzando hacia tus metas financieras.

Los hábitos son los bloques de construcción del éxito a largo plazo, especialmente en el ámbito de las finanzas personales. Cada acción que realizas hoy, por pequeña que sea, contribuye a moldear tu futuro. La estabilidad y la riqueza financiera no aparecen de la nada, son el resultado acumulativo de acciones intencionales y consistentes a lo largo del tiempo. Esta es la esencia de por qué los hábitos importan: transforman las intenciones pasajeras en progreso sostenido, cerrando la brecha entre los sueños y la realidad.

Hábitos clave para construir riqueza

Ahorrar de forma constante

Establecer seguridad financiera:

Ahorrar de manera constante proporciona una red de seguridad para gastos inesperados. Ya sea una emergencia médica, una reparación de auto o la pérdida repentina de un empleo, tener un fondo de ahorro evita que dependas de tarjetas de crédito con altos intereses o préstamos.

El hábito de ahorrar asegura que las emergencias financieras sean manejables, reduciendo el estrés y proporcionando tranquilidad.

El poder del interés compuesto:

Ahorrar regularmente, incluso en pequeñas cantidades, te permite beneficiarte del interés compuesto. Con el tiempo, tus ahorros crecen exponencialmente a medida que el interés genera más interés. Este efecto se magnifica cuanto antes comiences y cuanto más consistentemente contribuyas a tus ahorros.

Por ejemplo, ahorrar $100 mensualmente con una tasa de interés anual del 5% puede crecer a más de $15,000 en 10 años y superar los $40,000 en 20 años.

Crear oportunidades para generar riqueza

Ahorrar de manera constante es el primer paso hacia la inversión. Al establecer el hábito de apartar dinero, creas el capital necesario para hacer crecer tu riqueza a través de inversiones como acciones, fondos mutuos o bienes raíces.

El ahorro actúa como la puerta de entrada al crecimiento financiero, permitiéndote asumir riesgos calculados que ofrecen mayores rendimientos con el tiempo.

La importancia de priorizar el ahorro

Págate a ti mismo primero:

El principio de "págate a ti mismo primero" implica tratar los ahorros como un gasto no negociable, al igual que el alquiler o los servicios públicos. Al destinar dinero a tus ahorros antes de gastar en artículos discrecionales, aseguras que tu futuro financiero tenga prioridad sobre los deseos a corto plazo.

Esta práctica fomenta la disciplina, previene el gasto excesivo y garantiza que apartes dinero de manera consistente para alcanzar tus metas.

Superar excusas comunes:

Muchas personas posponen el ahorro pensando que empezarán cuando ganen más. Sin embargo, esta mentalidad a menudo lleva a perder oportunidades. La clave es ahorrar constantemente, incluso si la cantidad es pequeña.

Ahorrar $20 a la semana puede parecer insignificante, pero en un año, eso suma más de $1,000, suficiente para iniciar un fondo de emergencia o una cuenta de inversión.

Presupuestar y rastrear gastos

Muchas personas tienen dificultades con sus finanzas no porque no ganen lo suficiente, sino porque no saben a dónde va su dinero. Sin visibilidad sobre tus hábitos de gasto, es fácil perder de vista cómo los pequeños gastos aparentemente inofensivos se acumulan con el tiempo.

Por ejemplo, las compras diarias en cafeterías o los servicios de suscripción que no utilizas pueden drenar cantidades significativas de dinero sin que te des cuenta.

Presupuestar y rastrear gastos te permite alinear tu gasto con tus metas financieras. Al entender a dónde va tu dinero, puedes priorizar lo que más importa, ya sea ahorrar para una casa, reducir deudas o invertir en el futuro.

Pasos prácticos para presupuestar y rastrear gastos

Elige un método de presupuesto:

Regla 50/30/20: Asigna el 50% de tus ingresos a necesidades, el 30% a deseos y el 20% a ahorros o pago de deudas.

Presupuesto basado en cero: Asigna un propósito a cada dólar, asegurándote de que ingresos menos gastos sea igual a cero.

Sistema de sobres: Usa sobres de efectivo para categorías de gasto discrecional, como alimentos o entretenimiento.

Revisa y ajusta mensualmente:

Analiza tus gastos al final de cada mes. Identifica áreas donde gastaste de más y oportunidades para reducir o reasignar fondos. Ajusta tu presupuesto en consecuencia para el mes siguiente.

Automatiza cuando sea posible:

Automatiza tus ahorros y pagos recurrentes para reducir la carga mental de gestionar tus finanzas. Esto asegura que priorices el ahorro y los pagos de facturas antes de los gastos discrecionales.

Invertir sabiamente

Ahorrar es un primer paso fundamental para lograr la seguridad financiera, pero el ahorro por sí solo tiene limitaciones. Las cuentas de ahorro suelen ofrecer rendimientos bajos, y la inflación erosiona el poder adquisitivo del dinero con el tiempo. Para construir una riqueza significativa, es necesario ir más allá del ahorro e incorporar la inversión. Invertir permite que tu dinero crezca exponencialmente al aprovechar el poder del interés compuesto y el crecimiento del mercado, convirtiéndolo en una parte indispensable del proceso de creación de riqueza.

¿Por qué, querido lector de este libro, ahorrar no es suficiente?

Bajos rendimientos:

Las cuentas de ahorro tradicionales suelen ofrecer tasas de interés mínimas, apenas manteniéndose al ritmo de la inflación. Esto significa que, aunque tus ahorros puedan crecer ligeramente en términos nominales, su valor real (poder adquisitivo) puede estancarse o incluso disminuir con el tiempo.

Por ejemplo, una cuenta con una tasa de interés anual del 1% no podrá competir con una tasa de inflación del 3%, lo que resulta en una pérdida neta de valor.

Oportunidades de crecimiento perdidas:

El dinero en una cuenta de ahorros permanece estático, mientras que el dinero invertido tiene el potencial de generar rendimientos significativos a través del crecimiento del mercado. Invertir te permite poner tu dinero a trabajar, creando oportunidades de ingresos pasivos y acumulación de riqueza a largo plazo.

El poder del interés compuesto:

El interés compuesto es una de las fuerzas más poderosas en las finanzas. Permite que tus inversiones crezcan no solo sobre el monto principal, sino también sobre los rendimientos generados con el tiempo. Cuanto antes comiences a invertir, más te beneficiarás de este crecimiento exponencial.

Por ejemplo, invertir $10,000 a una tasa de retorno anual del 7% crecerá a casi $20,000 en 10 años y a más de $76,000 en 30 años, incluso sin contribuciones adicionales.

Superar la inflación:

La inversión proporciona rendimientos que superan la inflación, preservando y aumentando el valor real de tu dinero. Activos como acciones, bienes raíces y fondos mutuos suelen ofrecer rendimientos a largo plazo más altos que la tasa de inflación, asegurando que tu riqueza crezca en términos reales.

Oportunidades de crecimiento diversificadas:

Invertir ofrece una variedad de clases de activos: acciones, bonos, fondos mutuos, bienes raíces y más, cada uno con perfiles únicos de riesgo y retorno. La diversificación reduce el riesgo al mismo tiempo que capitaliza las oportunidades de crecimiento en diferentes sectores y mercados.

Vivir por debajo de tus posibilidades

Vivir por debajo de tus posibilidades es uno de los hábitos más efectivos y sostenibles para construir riqueza. Consiste en gastar menos de lo que ganas, independientemente de tu nivel de ingresos, y canalizar el excedente hacia ahorros e inversiones. Aunque puede parecer sencillo, este hábito requiere disciplina y una perspectiva a largo plazo, especialmente ante la inflación del estilo de vida, que es la tendencia a gastar más a medida que crecen los ingresos. Dominar el arte de vivir por debajo de tus posibilidades desbloquea la libertad financiera, la estabilidad y la capacidad de aumentar tu riqueza con el tiempo.

¿Por qué importa vivir por debajo de tus posibilidades?

Crear un excedente para ahorros e inversiones:

Gastar menos de lo que ganas asegura que haya dinero sobrante al final de cada mes. Este excedente puede dirigirse a un fondo de emergencia, ahorros o inversiones que generen riqueza a largo plazo.

Ejemplo: Si tu ingreso aumenta $500 al mes y resistes la tentación de mejorar tu estilo de vida, puedes ahorrar o invertir la cantidad completa. Con el tiempo, este excedente puede crecer sustancialmente gracias al interés compuesto.

Evitar deudas y estrés financiero:

El gasto excesivo a menudo lleva a depender de tarjetas de crédito, préstamos y otras formas de deuda para mantener un estilo de vida. Vivir por debajo de tus posibilidades elimina este riesgo, ayudándote a evitar el estrés financiero asociado con deudas de alto interés.

Al mantener los gastos modestos, reduces la probabilidad de caer en una trampa de deudas y aseguras que tu dinero trabaje para ti, no en tu contra.

Construir resiliencia financiera:

Un estilo de vida modesto proporciona flexibilidad para manejar gastos inesperados o recesiones económicas sin comprometer tu seguridad financiera. Vivir por debajo de tus posibilidades crea un colchón financiero que te permite adaptarte a las incertidumbres de la vida.

Fomentar la acumulación de riqueza a largo plazo:

El dinero ahorrado al vivir por debajo de tus posibilidades puede invertirse, generando rendimientos que contribuyen a tu independencia financiera. Al mantener los gastos estables mientras crecen los ingresos, aceleras el proceso de acumulación de riqueza.

El desafío de la inflación del estilo de vida

¿Qué es la inflación del estilo de vida?

La inflación del estilo de vida ocurre cuando un aumento en los ingresos lleva a un mayor gasto, a menudo en mejoras no esenciales como artículos de lujo, salir a comer frecuentemente o adquirir una casa más grande. Este hábito impide que muchas personas construyan riqueza, ya que los ingresos más altos se igualan o incluso superan con gastos más altos.

Cómo resistir la inflación del estilo de vida:

Establece metas financieras claras: Tener objetivos específicos, como ahorrar para la jubilación, pagar deudas o invertir en bienes raíces, ayuda a priorizar los beneficios a largo plazo sobre los caprichos a corto plazo.

Celebra de manera modesta: Recompénsate de formas significativas pero ajustadas a tu presupuesto cuando tus ingresos crezcan, en lugar de realizar grandes mejoras en tu estilo de vida.

Aprendizaje continuo y mejora personal

El aprendizaje continuo y la mejora personal son esenciales para el éxito financiero. En un mundo en constante cambio, donde los mercados financieros, las oportunidades de inversión y las condiciones económicas evolucionan rápidamente, mantenerse informado y adaptable es fundamental. Al dedicar tiempo a ampliar tu conocimiento sobre finanzas personales, inversiones y estrategias para construir riqueza, te equipas con las herramientas necesarias para tomar decisiones informadas, evitar errores costosos y aprovechar oportunidades que otros podrían pasar por alto.

El conocimiento es poder

Entender los principios de las finanzas personales te da el poder de tomar el control de tu futuro financiero. Muchos errores financieros, como gastar en exceso, asumir deudas innecesarias o perder oportunidades de inversión, surgen de la falta de conocimiento.

Por ejemplo:

Aprender sobre el interés compuesto puede inspirarte a invertir temprano.

Entender las estrategias de gestión de deudas puede ayudarte a evitar trampas financieras.

Adaptarse a un panorama financiero cambiante

El mundo financiero es dinámico, con nuevas tecnologías, opciones de inversión y tendencias económicas surgiendo regularmente. Mantenerte informado te permite adaptar tus estrategias a las realidades actuales.

Por ejemplo:

Comprender las criptomonedas o la inversión ESG (ambiental, social y de gobernanza) podría abrir puertas a oportunidades modernas que se alineen con tus metas.

Tomar decisiones informadas

Cuanto más aprendes, mejor preparado estás para evaluar opciones financieras de manera crítica. Ya sea seleccionando el portafolio de inversión adecuado, negociando un salario o eligiendo entre una hipoteca a tasa fija y una variable, el conocimiento te da la confianza para tomar decisiones alineadas con tus objetivos.

Construir confianza y reducir el miedo

El miedo a lo desconocido a menudo impide que las personas tomen medidas, especialmente en áreas como la inversión o el emprendimiento.

La educación desmitifica conceptos financieros complejos, reemplazando la incertidumbre con confianza.

Evitar las malas deudas

La deuda, cuando se usa estratégicamente, puede ser una herramienta poderosa para generar riqueza. Sin embargo, no todas las deudas son iguales. Mientras que ciertos tipos de deuda, como una hipoteca o un préstamo estudiantil, pueden contribuir al crecimiento financiero a largo plazo, las malas deudas, como las de alto interés al consumo, pueden erosionar rápidamente tu estabilidad financiera y descarrilar tus esfuerzos para construir riqueza. Aprender a distinguir entre buena y mala deuda y cultivar el hábito de evitar las malas deudas es esencial para lograr la independencia financiera y la seguridad a largo plazo.

Entender la buena deuda frente a la mala deuda

Buena deuda:

Definición: Deuda utilizada para adquirir activos que aumentan de valor o para incrementar el potencial de ingresos.

Ejemplos: Hipotecas, préstamos estudiantiles o préstamos comerciales.

Beneficios:

Una hipoteca te ayuda a comprar una propiedad, que típicamente se aprecia en valor con el tiempo.

Un préstamo estudiantil te permite invertir en educación, aumentando tu potencial de ingresos futuros.

Los préstamos comerciales pueden financiar proyectos que generan ingresos o construyen riqueza.

La buena deuda suele tener tasas de interés más bajas y contribuye al crecimiento financiero cuando se maneja de manera responsable.

Mala deuda:

Definición: Deuda incurrida para comprar activos que se deprecian o para consumo sin beneficios a largo plazo.

Ejemplos: Deudas de tarjetas de crédito, préstamos de día de pago y financiamiento para artículos de lujo o gastos innecesarios.

Riesgos:

Las tasas de interés altas dificultan el pago, lo que genera un ciclo de endeudamiento y escalada de deudas.

No contribuye a la creación de activos ni al aumento del potencial de ingresos.

La mala deuda drena recursos, reduce el potencial de ahorro y limita la flexibilidad financiera.

¿Por qué es crucial evitar las malas deudas?

Costos elevados de interés:

La mala deuda, como la deuda de tarjetas de crédito, suele venir con tasas de interés exorbitantes, que van del 15% al 30% anual. Estas tasas pueden hacer que los saldos crezcan exponencialmente, dificultando cada vez más el pago.

Ejemplo: Un saldo de $5,000 en una tarjeta de crédito con una tasa de interés anual del 20% puede tardar años en pagarse, costando miles en intereses.

Capacidad reducida para generar riqueza:

El dinero gastado en pagos de intereses podría usarse para ahorros, inversiones o pagar deudas buenas. La mala deuda te priva de oportunidades para hacer crecer tu riqueza y alcanzar tus metas financieras.

Estrés financiero e inestabilidad:

Llevar una carga de mala deuda puede generar estrés financiero crónico, ya que los pagos consumen una parte significativa de tus ingresos. Esta inestabilidad limita tu capacidad para planificar el futuro o manejar emergencias.

Impacto en el puntaje crediticio:

Los altos saldos de tarjetas de crédito o los pagos atrasados pueden dañar tu puntaje crediticio, dificultando obtener términos favorables para deudas buenas, como hipotecas o préstamos para autos.

El poder de la consistencia

La clave para todos estos hábitos es la consistencia. Al igual que hacer ejercicio o llevar una dieta saludable, los resultados de estos hábitos pueden no ser inmediatos, pero se acumulan con el tiempo. Cuanto más te apegues a tus hábitos financieros, más riqueza acumularás casi sin darte cuenta.

Construir riqueza es como plantar un árbol. Al principio, es solo un pequeño brote, pero con paciencia y cuidado, crece fuerte y produce frutos. Lo mismo ocurre con tus finanzas: cada pequeña acción que tomes hoy se acumulará y se convertirá en algo mucho más grande en el futuro.

Por último, hablemos de la mentalidad que sustenta todos estos hábitos. Construir riqueza no se trata solo de números, sino de adoptar la mentalidad adecuada.

Necesitas creer que puedes mejorar tu situación financiera a través del esfuerzo constante.

Necesitas enfocarte en metas a largo plazo, no en recompensas a corto plazo.

Y necesitas tener la paciencia para ver los resultados de tus esfuerzos.

Desarrollar una mentalidad de abundancia, donde veas oportunidades para crecer en lugar de enfocarte en limitaciones, también te ayudará a cultivar los hábitos que conducen al éxito financiero.

Construir riqueza no se trata de una gran decisión o un golpe de suerte.

Se trata de las elecciones diarias que hacemos, los hábitos que formamos y la mentalidad que cultivamos. Si quieres construir riqueza, comienza con pequeños pasos, mantén la consistencia y deja que tus hábitos hagan el trabajo pesado. No siempre será fácil, pero con los hábitos correctos, te prepararás para el éxito financiero a largo plazo.

Tomemos el control de nuestro futuro financiero. Comienza hoy construyendo los hábitos que crearán la riqueza que deseas para mañana.

La historia de Elena

Había una vez, en una ciudad bulliciosa llena de infinitas oportunidades, una joven llamada Elena. Elena era inteligente, ambiciosa y tenía grandes sueños: comprar su propia casa, viajar por el mundo y jubilarse temprano para pasar más tiempo con su familia. Trabajaba arduamente como diseñadora gráfica, pero, como muchas personas, luchaba por manejar su dinero. A pesar de ganar un buen salario, a Elena le resultaba difícil ahorrar para su futuro. A menudo se daba lujos innecesarios, como ropa nueva, gadgets y viajes espontáneos.

La situación financiera de Elena era cómoda, pero sabía que podía ser mejor. Nunca lograba apegarse a un presupuesto, y siempre que intentaba ahorrar para una meta, los gastos inesperados de la vida se interponían. Llevaba años soñando con comprar una casa, pero cada vez que intentaba ahorrar para el pago inicial, surgía algo: una reparación del auto, una emergencia o unas vacaciones imprevistas. Ese sueño parecía estar fuera de su alcance.

Un día, Elena asistió a un seminario de finanzas personales organizado por un banco local. El orador, un experimentado planificador financiero llamado Tom, comenzó el seminario con una declaración simple pero profunda:

"No se trata de cuánto ganas, sino de lo consistentemente que ahorras para lograr el éxito financiero."

Al principio, Elena no entendió del todo lo que Tom quiso decir. Después de todo, pensó: "Gano buen dinero. ¿Por qué no puedo ahorrar lo suficiente?"

Pero a medida que el seminario avanzaba, Tom compartió un ejemplo que le hizo clic a Elena. Contó la historia de dos personas: Anna y Ben.

Anna y Ben: Una historia de dos estrategias de ahorro

Tom explicó que Anna y Ben estaban en sus primeros 30 años, ganaban ingresos similares y tenían metas parecidas: ahorrar para el pago inicial de una casa. Sin embargo, abordaron el ahorro de maneras muy diferentes.

El enfoque de Anna:

Anna tenía una meta grande: quería ahorrar $30,000 para una casa en dos años. Así que, al inicio del año, decidió ahorrar $1,250 al mes. Al principio, estaba muy comprometida. Eliminó todos los gastos innecesarios, dejó de comer fuera y evitó comprar ropa nueva. Sin embargo, alrededor del tercer mes de su plan de ahorro, la vida se volvió complicada. Una amiga cercana tuvo una boda a la que no podía faltar, y su auto se descompuso inesperadamente. Para cubrir los gastos, Anna utilizó parte de sus ahorros. Intentó ponerse al día, pero la presión aumentó, y al final del año, Anna solo había ahorrado $8,000, muy lejos de su meta.

El enfoque de Ben:

Ben, por otro lado, no intentó ahorrar una cantidad enorme de una vez. En cambio, hizo un plan más pequeño y consistente. Decidió ahorrar solo $500 al mes. Aunque no sacrificó todo, priorizó el ahorro primero. Configuró una transferencia automática de su cheque de pago a una cuenta de ahorros separada para no tener que pensar en ello. Los ahorros de Ben eran pequeños, pero se apegó a su plan. Cuando la vida le presentó desafíos, como una factura médica inesperada o un viaje espontáneo con amigos, no tocó sus ahorros. Simplemente continuó ahorrando sus $500 cada mes, pase lo que pase.

Al final de dos años, Ben había ahorrado $12,000. Aunque no era suficiente para comprar una casa, era una base sólida. La clave fue que fue consistente, mes tras mes. ¿Lo mejor? Su hábito de ahorrar $500 al mes se había vuelto automático. Incluso cuando enfrentó contratiempos, Ben no se detuvo. Con el tiempo, sus ahorros crecieron, y a medida que aumentaban sus ingresos, también lo hicieron sus ahorros mensuales.

La lección: Consistencia sobre perfección

Elena quedó impactada por la diferencia entre estos dos enfoques. Anna había intentado ahorrar agresivamente, pero cuando la vida se interpuso, sus ahorros se descarrilaron. En cambio,

Ben adoptó un enfoque más lento y metódico, pero lo mantuvo, construyendo un sólido hábito de ahorro.

Tom explicó a los asistentes del seminario:

"En las finanzas personales, la consistencia es mucho más importante que la perfección. No se trata de hacer sacrificios enormes o ahorrar grandes sumas de dinero de una sola vez. Se trata de desarrollar hábitos que puedas mantener a lo largo del tiempo."

La consistencia, explicó Tom, se acumula. Cuanto más haces algo de manera regular, más fácil se vuelve. Los modestos ahorros mensuales de Ben, aunque pequeños, sumaron con el tiempo. Elena se dio cuenta de que no era el tamaño de sus ahorros lo que más importaba, sino el hábito de ahorrar y la disciplina para hacerlo automáticamente.

Inspirada por la estrategia de Ben, Elena decidió actuar. No podía ahorrar $1,250 al mes, pero podía empezar con $300 al mes. Así que configuró una transferencia automática a su cuenta de ahorros con cada cheque de pago. No era mucho, pero era constante. No cambió su estilo de vida drásticamente, no dejó de divertirse ni de gastar en cosas que la hacían feliz. Pero se aseguró de priorizar su futuro apartando ese dinero primero.

En los siguientes seis meses, Elena no notó resultados inmediatos, pero su saldo comenzó a crecer. Celebró pequeños hitos, como alcanzar sus primeros $1,000 ahorrados, luego $2,000, y así sucesivamente. Gradualmente, Elena comenzó a buscar pequeñas formas de reducir gastos innecesarios, no porque lo necesitara, sino porque quería acelerar su meta.

A medida que pasaron los años, la situación financiera de Elena cambió. Recibió un aumento en el trabajo, lo que le permitió ahorrar más cada mes. Aun así, mantuvo el mismo hábito, haciéndolo automático. Para cuando Elena alcanzó su meta de $30,000, ya no se sentía como un esfuerzo enorme. Había desarrollado la disciplina, el hábito y la mentalidad para lograrlo.

Aunque le tomó más tiempo de lo que había planeado originalmente, Elena alcanzó su meta, y en el camino, aprendió una lección invaluable: la consistencia no solo fue la clave para su éxito financiero; fue la clave del éxito en todas las áreas de su vida.

La moraleja de la historia

La historia de Elena nos enseña que la consistencia es el verdadero secreto para alcanzar metas financieras. Es fácil desanimarse cuando no ves resultados inmediatos, pero cuando te mantienes en un plan y conviertes el ahorro en un hábito, incluso pequeñas cantidades pueden sumar con el tiempo.

Ya sea que estés ahorrando para la jubilación, una casa o un fondo de emergencia, la clave es tomar acción de manera regular y consistente. Al igual que Ben en la historia, quien ahorró $500 al mes incluso cuando la vida le presentó desafíos, tú también puedes construir riqueza con el tiempo siendo paciente, estableciendo metas realistas y manteniéndote constante.

Recuerda: lento pero seguro, se gana la carrera.

Capítulo 4

Superando reveses financieros y manteniéndose motivado

Todos enfrentamos reveses en nuestro camino financiero, ya sea una pérdida de empleo, gastos inesperados o caídas en los mercados. Este capítulo ofrece estrategias para superar desafíos y mantenerse motivado cuando las cosas no salen según lo planeado.

El miedo a la pérdida, el miedo al fracaso y el miedo a cometer errores pueden ser paralizantes. Al reconocer estos temores y replantearlos, puedes tomar medidas proactivas para proteger tu bienestar financiero mientras avanzas hacia tus metas.

Cada revés ofrece valiosas lecciones. Ya sea que hayas tomado una mala decisión de inversión, gastado de más en un lujo o enfrentado la pérdida de un empleo, estos desafíos pueden convertirse en peldaños hacia el éxito futuro. Reflexiona, aprende y ajusta.

Rodearte de personas con objetivos financieros similares puede ser increíblemente motivador. Ya sea a través de un grupo de apoyo, un mentor o un compañero de responsabilidad, tener a otros con quienes compartir éxitos y desafíos te ayudará a mantenerte enfocado y motivado.

Ya sea una factura médica inesperada, la pérdida de un empleo, una inversión fallida o simplemente vivir tiempos difíciles, los reveses financieros pueden sentirse abrumadores. Pero aquí está la verdad: los reveses no nos definen.

Cómo respondemos a ellos es lo que realmente moldea nuestro futuro financiero.

Entendiendo los reveses financieros

Primero, reconozcamos qué es un revés financiero. Es cualquier cosa que interrumpe tu estabilidad o progreso financiero. Puede ser una pérdida de ingresos, un gasto inesperado o incluso un error que cometiste con el dinero. Estos momentos pueden causar estrés, dudas sobre ti mismo e incluso miedo al futuro. Pero recuerda: los reveses son una parte natural de la vida. Le ocurren a todos y no son el final de la historia.

La clave está en cómo elegimos reaccionar cuando surgen estos desafíos.

El poder de la resiliencia

Una de las cualidades más importantes para superar reveses financieros es la resiliencia: la capacidad de recuperarse. La resiliencia no es algo con lo que nacemos; es una habilidad que podemos desarrollar con el tiempo. De hecho, algunas de las personas más exitosas han enfrentado reveses significativos, pero encontraron formas de perseverar y salir más fuertes. No permitieron que su situación los definiera; tomaron el control y trabajaron hacia un futuro mejor.

Pasos para superar reveses financieros

Entonces, ¿cómo podemos superar estos desafíos financieros? Aquí tienes algunos pasos clave para ayudarte a navegar en tiempos difíciles:

1. Reconoce el revés, pero no te quedes atrapado en él

El primer paso es reconocer el revés. Es importante aceptar que las dificultades financieras son parte de la vida. Negar la realidad de la situación solo te mantendrá estancado. Sin embargo, una vez que reconozcas el revés, no te obsesiones con él. Pueden surgir emociones negativas como el arrepentimiento, la culpa o la frustración, pero es crucial no dejar que te detengan. En lugar de enfocarte en lo que salió mal, concéntrate en lo que puedes hacer para seguir adelante.

2. Da un paso atrás y evalúa la situación

Cuando enfrentas un revés financiero, es fácil sentirse abrumado. Pero una vez que las emociones se calmen, toma un paso atrás y evalúa la situación de manera lógica. Escribe el problema, identifica su causa y determina qué tan grave es. ¿Es un problema temporal de flujo de efectivo o es un problema financiero más profundo? Esto te ayudará a desglosar la situación y crear un plan para abordarla.

3. Crea un plan de recuperación

Una vez que tengas un entendimiento claro del problema, crea un plan para retomar el camino. Esto podría implicar reducir gastos, buscar fuentes adicionales de ingresos o revisar tu presupuesto. Si tu revés está relacionado con deudas, considera hablar con un asesor financiero o explorar opciones de pago, como la consolidación o la refinanciación.

4. Concéntrate en lo que puedes controlar

Los reveses financieros a menudo nos hacen sentir impotentes, pero la clave es enfocarte en lo que puedes controlar. Puede que no puedas cambiar el pasado, pero sí puedes tomar medidas en el presente. Esto podría significar ajustar tus hábitos de gasto, aprender sobre planificación financiera o crear un fondo de emergencia para evitar futuros contratiempos.

5. Busca apoyo y asesoramiento profesional

Recuerda, no tienes que pasar por esto solo. Busca apoyo en familiares, amigos o un asesor financiero. A veces, hablar de un problema con alguien más te ayuda a verlo desde una perspectiva diferente. Un profesional también puede ofrecerte consejos prácticos sobre cómo recuperarte de los desafíos financieros, ya sea gestionando deudas, mejorando tu puntaje crediticio o reconstruyendo tus ahorros.

6. Aprende del revés

Cada revés trae consigo una lección. Ya sea que hayas aprendido algo sobre tus hábitos de gasto, tus estrategias de inversión o tus prioridades financieras, aprovecha la oportunidad para crecer. Considera el revés como una lección en lugar de un fracaso. Este cambio de mentalidad no solo te ayudará a recuperarte más rápido, sino que también te hará más resiliente financieramente en el futuro.

Los reveses financieros no tienen por qué descarrilar tu progreso; pueden ser escalones en el camino hacia la resiliencia financiera.

Al desarrollar hábitos financieros sólidos, como presupuestar, ahorrar e invertir de manera constante, creas una base financiera que puede soportar lo inesperado. Un fondo de emergencia, por ejemplo, puede actuar como un amortiguador en tiempos difíciles, permitiéndote enfrentar contratiempos con más facilidad y confianza.

La historia de Marcus

Marcus siempre se había enorgullecido de su habilidad para tomar buenas decisiones. Tenía un trabajo estable como gerente de ventas en una empresa tecnológica y, a sus 30 y tantos años, ya sentía que tenía su vida bajo control. Vivía cómodamente, ganaba lo suficiente para cubrir sus gastos, ahorrar algo de dinero y permitirse algún que otro capricho. Incluso había comenzado a ahorrar para su sueño de comprar una casa.

Pero todo cambió una lluviosa mañana de martes cuando Marcus recibió un correo electrónico que alteraría el rumbo de su vida.

El revés: Perder su trabajo

El correo era de su jefe. Debido a recortes presupuestarios imprevistos, todo el departamento de Marcus estaba siendo despedido.

"Debido a la recesión económica, lamentamos informarle que su puesto ha sido eliminado con efecto inmediato."

El impacto fue instantáneo. Su corazón se aceleró. ¿Cómo podía pasarle esto? Siempre había sido uno de los mejores empleados, pero ahora, Marcus se enfrentaba a un futuro incierto. Sin un trabajo y sin un plan de respaldo, su preocupación inmediata era el dinero.

Marcus siempre se había considerado financieramente responsable, pero pronto se dio cuenta de que no tenía un verdadero fondo de emergencia; apenas tenía unos pocos meses de gastos cubiertos. Había estado enfocado en otras cosas, como comprar un auto, irse de vacaciones y consentirse.

¿Te resulta familiar? Si estás leyendo este libro, probablemente te encuentres en una situación similar. Pero volvamos a Marcus.

Nunca se había preparado para una situación como esta, donde sus ingresos podían desaparecer de un momento a otro.

La desesperación: Enfrentar la presión financiera

Con el paso de los días y las semanas, Marcus envió docenas de currículums, pero el mercado laboral estaba difícil. Comenzó a usar sus ahorros, pero no tardó en sentir el estrés de ver cómo su saldo bancario disminuía. Su sueño de ser propietario de una casa parecía alejarse cada vez más. Cada pequeña compra ahora se sentía como un lujo.

Tres meses después, las cosas no habían mejorado. Marcus había aceptado algunos trabajos temporales, pero ninguno era estable. La presión sobre sus finanzas comenzaba a afectar su salud mental. Tuvo que recortar todo: no más cenas fuera, nada de ropa nueva, ni viajes de fin de semana. Vendió su auto para cambiarlo por algo más económico. A pesar de sus mejores esfuerzos, las facturas seguían acumulándose y sus ahorros se agotaban.

Una noche, después de un día particularmente frustrante de búsqueda de empleo, Marcus se sentó en su pequeño departamento mirando sus facturas de tarjetas de crédito, preguntándose cómo iba a sobrevivir otro mes. Se sentía derrotado.

Un cambio de perspectiva

Justo cuando estaba a punto de rendirse ante la desesperación, su teléfono sonó. Era su hermano mayor, Derrick, quien siempre había sido su apoyo en los momentos difíciles.

—¿Cómo van las cosas, hermano? —preguntó Derrick con su tono animado de siempre.

Marcus dejó escapar un suspiro profundo.

—No muy bien. He estado luchando por encontrar algo permanente y mis ahorros casi se han agotado. No estoy seguro de cuánto más puedo aguantar.

Derrick hizo una pausa por un momento y luego dijo algo que se quedaría grabado en Marcus por mucho tiempo:

—Sabes, Marcus, yo también he pasado por dificultades financieras en el pasado. Perder mi trabajo hace unos años fue una de las cosas más difíciles que he vivido. Pero aquí está lo que aprendí: no se trata de evitar los desafíos. Se trata de construir la resiliencia para recuperarte cuando las cosas no salen según lo planeado. Tienes la fortaleza para superar esto. Solo necesitas cambiar tu mentalidad.

Un nuevo enfoque mental

Al principio, Marcus no entendía a qué se refería Derrick con "resiliencia". Pero al reflexionar, comenzó a darse cuenta de que siempre se había enfocado en evitar el fracaso o los reveses. Había estado tan preocupado por tener el control y hacer que todo saliera según lo planeado que nunca anticipó los inevitables obstáculos en el camino. Y cuando esos obstáculos aparecían, sentía que todo se desmoronaba.

Pero las palabras de Derrick lo hicieron replantearse su enfoque. La resiliencia no se trataba de evitar las dificultades; se trataba de cómo te recuperas de ellas. Marcus se dio cuenta de que había estado dejando que sus circunstancias definieran su futuro en lugar de tomar el control de su situación.

Al día siguiente, Marcus tomó una decisión. Dejaría de ver sus problemas financieros como un revés insuperable. En cambio, trataría este período como una oportunidad para construir resiliencia, aprender nuevas habilidades, replantear sus prioridades y prepararse para el éxito futuro. No sería fácil, pero se adaptaría y saldría adelante.

Tomando acción

Con su nueva mentalidad, Marcus tomó varias medidas para reconstruir su vida financiera.

1. Crear un presupuesto estricto

Lo primero que hizo fue sentarse y crear un presupuesto estricto. Eliminó todos los gastos innecesarios. Nada más de comida a domicilio, nada de suscripciones de entretenimiento y nada de compras de cosas que no necesitaba. Se enfocó en lo esencial: alimentos, servicios básicos y pequeñas cantidades para su bienestar mental, como caminatas semanales en el parque o leer libros para mantener su mente activa.

2. Reconstruir su fondo de emergencia

Marcus también priorizó reconstruir su fondo de emergencia. Sabía que tener seguridad financiera en forma de 3 a 6 meses de gastos básicos era imprescindible para el futuro. Aunque aún estaba desempleado, apartaba una parte de sus ahorros restantes cada mes. No era mucho, pero le daba una sensación de seguridad saber que tenía un colchón al que recurrir.

3. Ampliar su red y aprender nuevas habilidades

Marcus sabía que depender únicamente de enviar solicitudes de empleo no sería suficiente. Recurrió a su red de amigos, antiguos colegas e incluso personas de grupos en línea específicos de su industria. Asistió a ferias de empleo virtuales y conectó con personas que habían enfrentado los mismos desafíos. En el proceso, se dio cuenta de que algunas de sus habilidades estaban desactualizadas. Así que se inscribió en varios cursos gratuitos en línea para mejorar su experiencia en marketing digital, algo que podría aplicar en su próximo empleo.

4. Dar pequeños y constantes pasos hacia la estabilidad

También decidió aceptar trabajos temporales siempre que pudiera, realizando proyectos de marketing freelance u ofreciendo servicios digitales como trabajo adicional. Estos pequeños pasos no le generaban grandes cantidades de dinero, pero le ayudaron a recuperar la confianza, mantenerse productivo y cubrir algunos de sus gastos.

El regreso: Superar la adversidad

Seis meses después de perder su trabajo, Marcus había logrado avances significativos. Había reconstruido su fondo de emergencia, desarrollado nuevas habilidades y comenzado a establecer contactos más activamente. Su situación financiera había mejorado ligeramente, aunque aún estaba trabajando para llegar a donde quería estar.

Pero el verdadero avance llegó cuando consiguió una entrevista en una startup en crecimiento. Su experiencia como freelance y su reciente formación en habilidades lo hicieron destacar. Cuando recibió la llamada ofreciéndole el trabajo, Marcus sintió un inmenso alivio y orgullo.

Sin embargo, no se trataba solo del empleo; se trataba del camino que había recorrido y de la resiliencia que había construido frente a la adversidad. Marcus comprendió que recuperarse no era solo cuestión de tener los recursos adecuados, sino de tener la mentalidad adecuada. Su capacidad para adaptarse, aprender y seguir adelante fue lo que le permitió recuperarse, tanto financiera como mentalmente.

La lección: Construir resiliencia para el éxito financiero

La historia de Marcus nos enseña una lección fundamental: la resiliencia no se trata solo de sobrevivir a los reveses financieros, sino de aprender de ellos y utilizarlos como base para el éxito futuro. Cuando la vida te lanza una curva, ya sea perder un trabajo, enfrentar gastos inesperados o atravesar una crisis financiera, la clave no es rendirse, sino adaptarse, aprender y fortalecerse.

Tomar el control de lo que puedes controlar: Tus acciones, tu mentalidad y tus hábitos.

Aprender de los desafíos en lugar de dejar que te derroten.

Mantenerte flexible y ajustar tus metas financieras cuando la vida cambia.

Crear un fondo de emergencia y otros mecanismos de seguridad para estar preparado cuando ocurra lo inesperado.

Al final, no fueron los desafíos los que definieron a Marcus, sino su capacidad para recuperarse y seguir adelante. Esa resiliencia no solo lo ayudó a superar sus dificultades financieras, sino que lo preparó para prosperar, sin importar lo que la vida le presentara.

La historia de Maya

Maya siempre había estado orgullosa de su independencia financiera. Durante años, había construido una carrera como diseñadora gráfica, incrementado sus ahorros y formado una pequeña cartera de inversiones. Sus amigos admiraban cómo parecía tener todo bajo control: trabajaba duro, vivía con frugalidad y establecía metas a largo plazo. Por un tiempo, todo parecía estar bajo control.

Pero entonces, en el lapso de unos meses, todo cambió.

Un cliente importante, que representaba la mitad de los ingresos de Maya, canceló repentinamente su contrato, dejándola luchando por encontrar nuevos trabajos. Para empeorar las cosas, justo cuando sus ingresos comenzaban a disminuir, su auto se descompuso y surgieron gastos médicos importantes. Sus ahorros, que alguna vez sintió como un colchón de seguridad, comenzaron a agotarse rápidamente.

Maya sentía que se estaba ahogando en un mar de facturas, plazos y preocupaciones. Sus saldos de tarjetas de crédito comenzaron a aumentar, y la ansiedad por no tener suficiente dinero empezó a afectar todos los aspectos de su vida.

La lucha

Durante las semanas siguientes, Maya hizo todo lo posible por recuperarse. Recortó gastos, canceló suscripciones, dejó de salir con amigos e incluso vendió algunos objetos de su apartamento. A pesar de sus esfuerzos, la presión financiera no parecía disminuir. Cada vez que lograba reducir un poco su deuda, surgía otro gasto inesperado.

Su confianza comenzó a tambalearse. Acostumbrada a ser autosuficiente, ahora cuestionaba constantemente sus decisiones. "Quizás no estoy hecha para esto de ser freelance", pensaba. "Quizás debí aceptar ese trabajo de tiempo completo cuando tuve la oportunidad."

Había momentos en los que Maya quería rendirse, cerrar su negocio, buscar un empleo estable o simplemente pretender que el problema no existía. Pero, en el fondo, sabía que este era un momento crucial. No podía darse el lujo de rendirse, especialmente ahora.

El giro: Inspiración y decisión

Un día, mientras navegaba por redes sociales, Maya se encontró con una publicación de un viejo amigo llamado Ethan. Ethan siempre había sido de esas personas que se recuperaban rápidamente de los reveses. En su publicación, Ethan compartía su propio viaje financiero: había pasado por un período de deudas importantes después de un negocio fallido, pero logró recuperarse al enfocarse en construir resiliencia.

Las palabras de Ethan resonaron profundamente en ella:

"No se trata de qué tan rápido te recuperas, sino de cómo construyes la fortaleza para seguir adelante. La resiliencia es la clave."

Maya se dio cuenta de que necesitaba dejar de enfocarse en la crisis y comenzar a concentrarse en lo que podía controlar: su mentalidad. Había estado reaccionando, abrumada por las circunstancias, pero ahora era el momento de tomar acción y reconstruir con intención.

La decisión de construir resiliencia

Maya decidió que era hora de enfrentar sus desafíos financieros de frente. En lugar de ignorar el problema o esperar un milagro, abrazó el proceso de recuperación.

Comenzó por reformular su situación. En lugar de verse como una víctima de las circunstancias, Maya comenzó a pensar en sí misma como una persona resiliente, alguien con la capacidad de adaptarse y superar la adversidad.

Primeros pasos hacia la recuperación

Evaluar sus finanzas: Maya dedicó tiempo cada semana para revisar su situación financiera. Analizó sus gastos y creó un plan claro para reducirlos.

Buscar nuevos proyectos: Contactó a antiguos clientes y comenzó a buscar nuevos trabajos. Poco a poco, empezó a reconstruir sus ingresos.

Aprender de los errores: Maya identificó hábitos financieros pasados que podía mejorar. En lugar de culparse, decidió usar esos aprendizajes para tomar mejores decisiones en el futuro.

Maya entendió que la resiliencia no se trataba solo de recuperarse rápidamente; también consistía en aprender y crecer a partir de la experiencia.

Construyendo un fondo de emergencia más sólido

Maya se comprometió a crear un colchón financiero más grande, algo que realmente pudiera cubrir varios meses si fuera necesario.

Presupuesto inteligente: Implementó un presupuesto más estructurado, eliminando gastos innecesarios pero permitiéndose de vez en cuando un pequeño lujo para mantenerse motivada.

Reinversión en sí misma: Se inscribió en un curso de educación financiera para entender mejor las estrategias de inversión y ahorro, asegurándose de estar preparada para cualquier desafío financiero futuro.

Lo más importante fue que Maya trabajó en su mentalidad. Se comprometió a dejar de ver los reveses como fracasos y a empezar a verlos como oportunidades de aprendizaje. Cada contratiempo financiero era una oportunidad para mejorar su resiliencia financiera.

La reconstrucción

Con el paso de los meses, la situación de Maya comenzó a mejorar gradualmente. La combinación de trabajo constante, un enfoque más disciplinado para administrar su dinero y una creciente confianza le permitió estabilizar sus finanzas. Su fondo de emergencia creció y su deuda comenzó a reducirse.

Sin embargo, no se trataba solo de números. Maya comprendió que la verdadera victoria no estaba únicamente en superar los desafíos financieros, sino en aprender a enfrentarlos sin dejar que la definieran.

Comenzó a construir hábitos que le ayudarían a evitar caer en los mismos patrones. Cuando tenía un mes con pocos ingresos, en lugar de entrar en pánico, se ceñía a su presupuesto y recurría a su fondo de emergencia. Desarrolló actitudes más saludables hacia el dinero, reconociendo que estaba bien enfrentar dificultades mientras tuviera la resiliencia para superarlas.

Maya también encontró alegría al ayudar a otros que estaban atravesando luchas similares. Comenzó a ofrecer talleres gratuitos para freelancers y pequeños empresarios en su comunidad, compartiendo lo que había aprendido sobre cómo recuperarse de desafíos financieros. Se sentía empoderada no solo al reconstruir su vida financiera, sino también al ayudar a otros a hacer lo mismo.

La transformación

Dos años después de aquel periodo difícil, Maya miró hacia atrás en su viaje financiero y se dio cuenta de cuánto había avanzado, no solo en términos financieros, sino también en lo personal. La resiliencia que había desarrollado en el momento más difícil de su vida había transformado la forma en que enfrentaba los desafíos.

Ya no temía los contratiempos financieros. Había desarrollado las herramientas y estrategias para recuperarse, y sabía que, sin importar lo que sucediera, tenía la fortaleza para afrontarlo. Lo más importante, Maya entendió que los reveses eran parte del camino, no el final.

Había aprendido a abrazar el proceso de crecimiento. Cada vez que superaba un obstáculo, crecía más fuerte, más confiada y más capaz. La seguridad financiera con la que había soñado ahora estaba al alcance, no gracias a un golpe de suerte o una solución rápida, sino porque había desarrollado la resiliencia para seguir adelante incluso cuando las cosas parecían imposibles.

Maya aprendió que el éxito financiero no se trata solo de ganar dinero, sino de construir la resiliencia mental y emocional para afrontar las tormentas, adaptarse y seguir avanzando.

La lección: La resiliencia es clave

La historia de Maya es un poderoso recordatorio de que los desafíos financieros son una parte inevitable de la vida, pero no nos definen. Lo que define nuestro éxito es cómo respondemos a esos desafíos.

Construir resiliencia significa entender que los contratiempos son parte del proceso y que tenemos la capacidad de recuperarnos y aprender de ellos. La resiliencia no consiste en evitar las dificultades, sino en fortalecerse frente a la adversidad.

Al desarrollar una mentalidad resiliente, no solo podemos superar los desafíos financieros, sino prosperar a pesar de ellos. Y al igual que Maya, podemos ayudar a otros en el camino, creando un efecto multiplicador de fortaleza y confianza financiera que beneficia a todos.

Capítulo 5

Cambiando tu mentalidad de gastar a invertir

Este capítulo se centra en cambiar de una mentalidad orientada al consumo a una orientada a la inversión, lo cual es crucial para la creación de riqueza a largo plazo.

La clave para construir riqueza radica en adquirir activos (cosas que ponen dinero en tu bolsillo) y evitar pasivos (cosas que sacan dinero de tu bolsillo). Exploraremos las diferencias y cómo priorizar la construcción de activos.

Construir riqueza requiere disciplina y la capacidad de retrasar la gratificación inmediata a cambio de recompensas futuras. Ya sea ahorrando dinero en lugar de gastarlo o invirtiendo temprano para obtener ganancias a largo plazo, la gratificación diferida es un componente clave del éxito financiero.

Aprender a invertir sabiamente es una de las mejores maneras de hacer crecer tu patrimonio. Compartiré diferentes estrategias de inversión, desde inversiones en el mercado de valores hasta bienes raíces e inversiones alternativas, y cómo mantener la motivación incluso cuando los mercados son volátiles.

Para muchos de nosotros, es fácil dejarnos llevar por la emoción de gastar y comprar los últimos gadgets, disfrutar de una noche fuera o consentirnos con cosas que deseamos. Pero mientras el gasto nos da gratificación instantánea, invertir es lo que crea riqueza y libertad financiera a largo plazo.

Entonces, ¿cómo hacemos esa transición? ¿Cómo pasamos de gastar nuestro dinero a invertirlo de maneras que nos beneficiarán en el futuro?

El poder de la mentalidad

La forma en que pensamos sobre el dinero influye directamente en cómo lo usamos. Si tenemos una mentalidad que prioriza el placer inmediato o comprar cosas que no necesitamos realmente, es fácil caer en un ciclo de consumo. Pero cambiar a una mentalidad que vea el dinero como una herramienta para el crecimiento futuro es lo que separa a quienes logran el éxito financiero a largo plazo de quienes viven de cheque en cheque.

Una mentalidad de gasto se enfoca en: "¿Qué puedo comprar ahora mismo?"

Una mentalidad de inversión se enfoca en: "¿Cómo puedo usar mi dinero para crear más riqueza con el tiempo?"

La verdadera clave del éxito financiero no está en cuánto ganas, sino en cuánto conservas y en cómo haces que ese dinero crezca.

Entendiendo la diferencia entre gastar e invertir

Primero, desglosaremos la diferencia entre gastar e invertir.

El éxito financiero depende de cómo usas tu dinero, y una parte clave de eso es distinguir entre gastar e invertir. Ambos son elementos esenciales en la vida, pero tienen propósitos muy diferentes. Mientras que el gasto proporciona satisfacción inmediata, la inversión construye valor a largo plazo y seguridad financiera. Reconocer esta distinción es fundamental para tomar decisiones informadas que equilibren las necesidades presentes con los objetivos futuros.

¿Qué es gastar?

Definición:

Gastar implica intercambiar dinero por bienes o servicios que satisfacen necesidades o deseos inmediatos, pero que no contribuyen a la construcción de riqueza.

Ejemplos de gasto:

Comprar ropa, salir a comer o adquirir el último gadget tecnológico.

Pagar por entretenimiento, vacaciones o servicios convenientes como entregas a domicilio.

Propósito y valor:

El gasto a menudo mejora nuestra calidad de vida, brindando comodidad, conveniencia o disfrute.

Si bien algunos gastos son esenciales—como vivienda, servicios básicos y alimentos—muchos entran en la categoría de gastos discrecionales, ofreciendo satisfacción a corto plazo sin agregar valor financiero a largo plazo.

Impacto en la riqueza:

Gastar dinero en activos que se deprecian (como automóviles, electrónicos o modas) o en servicios no esenciales no aumenta tu riqueza.

Con el tiempo, un gasto descontrolado puede agotar recursos que podrían haberse dirigido a ahorros o inversiones.

¿Qué es invertir?

Definición:

Invertir implica asignar dinero a activos u oportunidades con el potencial de generar ingresos o apreciarse en valor con el tiempo. Cambia el enfoque de la gratificación inmediata al crecimiento a largo plazo.

Ejemplos de inversión:

Comprar acciones, bonos o bienes raíces.

Contribuir a fondos de inversión, cuentas de ahorro para la jubilación o emprendimientos personales.

Activos financieros:

Activos financieros: Acciones, bonos, fondos mutuos o ETFs.

Bienes raíces: Comprar propiedades que aumenten su valor o generen ingresos por alquiler.

Crecimiento personal: Educación, certificaciones o iniciar un negocio para aumentar el potencial de ingresos.

Propósito y valor:

La inversión busca crear seguridad financiera, ingresos pasivos o riqueza.

Prioriza la gratificación diferida, comprendiendo que los sacrificios a corto plazo pueden generar recompensas significativas a largo plazo.

Impacto en la riqueza:

Las inversiones aumentan la riqueza aprovechando el poder del interés compuesto, la apreciación del mercado o la generación de ingresos.

A diferencia de gastar, que consume recursos, invertir convierte el dinero en un contribuyente activo para tu futuro financiero.

Principales diferencias entre gastar e invertir

Gastar	Invertir
Gratificación inmediata.	Gratificación a largo plazo.
Reduce recursos financieros.	Crea riqueza y seguridad financiera.
Se centra en bienes o servicios.	Se centra en activos que generan valor.

¿Por qué cambiar a una mentalidad de inversión?

Cambiar de una mentalidad de gasto a una de inversión puede parecer desafiante al principio, pero los beneficios son innegables. Aquí te explicamos por qué este cambio es crucial para tu futuro financiero:

Construir riqueza con el tiempo

Cuando inviertes, permites que tu dinero crezca. Gracias al interés compuesto—el concepto de ganar intereses sobre los intereses de tus inversiones—puedes construir riqueza mucho más allá de lo que podrías lograr solo con el ahorro. Con el tiempo, las inversiones pueden superar significativamente la tasa de inflación y crear seguridad financiera.

Alcanzar la independencia financiera

Una mentalidad de gasto a menudo nos atrapa en un ciclo de trabajar para pagar las cosas que creemos necesitar. Una mentalidad de inversión, sin embargo, te brinda el potencial de generar ingresos pasivos y construir un colchón financiero que respalde tu futuro. Esto te ayuda a lograr independencia financiera y te da la libertad de tomar decisiones basadas en lo que realmente deseas, no solo en lo que puedes pagar hoy.

Convertir el dinero en una herramienta de crecimiento

En lugar de usar tu dinero únicamente para comprar cosas, una mentalidad de inversión te ayuda a ver el dinero como una herramienta de crecimiento. Cambia tu enfoque de la satisfacción a corto plazo a la seguridad financiera a largo plazo y la construcción de riqueza.

¿Cómo pasar de gastar a invertir?

Ahora que entendemos por qué es importante cambiar nuestra mentalidad, hablemos de cómo hacer ese cambio.

Comienza con la consciencia

El primer paso es tomar consciencia. Observa de cerca hacia dónde va tu dinero. ¿Cuánto gastas en cosas que no contribuyen a tus metas a largo plazo? ¿Hay áreas en las que puedas reducir gastos para liberar dinero para invertir? Cuanto más entiendas tus hábitos de gasto, más control tendrás sobre tu futuro financiero.

Crea un presupuesto y págate a ti primero

Una de las herramientas más poderosas para cambiar de gastar a invertir es crear un presupuesto. Esto no se trata de restringirte, sino de darle un propósito a tu dinero. Una parte de tus ingresos debería dirigirse automáticamente a tus inversiones. Esta estrategia de "págate primero" garantiza que priorices invertir y ahorrar antes de gastar en artículos no esenciales.

Comienza con poco, pero comienza ahora

No necesitas una gran suma de dinero para empezar a invertir. Comienza con pequeñas cantidades, incluso si solo son $50 o $100 al mes. La clave es adquirir el hábito de invertir regularmente. Con el tiempo, a medida que aumente tu confianza e ingresos, también lo harán tus inversiones.

Concéntrate en las metas a largo plazo

Es fácil caer en la tentación de la gratificación inmediata. Pero recuerda, invertir se trata del largo plazo. Cambia tu enfoque de los deseos inmediatos a metas a largo plazo, como la jubilación, comprar una casa o construir un fondo de emergencia. Tener una meta financiera clara te ayudará a mantenerte disciplinado y motivado en tu camino de inversión.

Edúcate

Para aprovechar al máximo tus inversiones, es esencial educarte. Comprende los conceptos básicos de la inversión, los tipos de activos en los que puedes invertir y los riesgos involucrados. Cuanto más sepas, más confianza tendrás para tomar decisiones financieras inteligentes.

Automatiza tus inversiones

Una de las formas más sencillas de mantener la constancia al invertir es automatizándolo. Configura transferencias automáticas a una cuenta de ahorro o inversión. De esta manera, no tendrás que pensar en ello: estarás invirtiendo de forma constante sin la tentación de gastar ese dinero en otra cosa.

Superar el miedo a invertir

Muchas personas evitan invertir porque temen perder dinero o se sienten abrumadas por la complejidad. Pero aquí está la verdad: cuanto antes empieces, más tiempo tendrá tu dinero para crecer, y menor será el impacto de las fluctuaciones del mercado a corto plazo. Comienza invirtiendo en opciones de bajo riesgo, como fondos indexados o fondos mutuos. A medida que ganes experiencia y confianza, podrás diversificar tu portafolio.

La recompensa de cambiar tu mentalidad

Al cambiar de una mentalidad de gasto a una de inversión, no solo estás tomando mejores decisiones financieras hoy, sino que te estás preparando para un futuro de libertad financiera, seguridad y oportunidades. Cuanto más inviertas, más trabajará tu dinero para ti, en lugar de que tú trabajes para él.

En conclusión, cambiar tu mentalidad de gastar a invertir es uno de los cambios más importantes que puedes hacer en tu vida financiera. No siempre es fácil, pero con disciplina, paciencia y el conocimiento adecuado, puede conducir al éxito financiero a largo plazo. Así que pregúntate hoy: ¿estás listo para empezar a hacer que tu dinero trabaje para ti?

Empieza a pensar más allá de tu próxima compra y comienza a reflexionar sobre cómo puedes invertir en tu futuro. Porque cuando inviertes en tu crecimiento financiero, estás invirtiendo en tu libertad.

La Historia de María

María siempre había sido buena con el dinero. Trabajaba como gerente de marketing en una empresa de tecnología mediana y ganaba un buen salario. Cada mes pagaba sus facturas, salía con amigos y se daba uno que otro gusto. Vivía en un apartamento cómodo, conducía un auto decente y tenía un armario lleno de ropa. Pero, a pesar de su aparente estabilidad financiera, María sentía que estaba siempre al borde, sin avanzar realmente.

Había ahorrado algo de dinero a lo largo de los años, pero la mayoría estaba en una cuenta corriente, sin generar intereses. María tenía una vaga idea de que invertir era algo que hacían los ricos y pensaba que ella aún no estaba "ahí". "Invertir es para las personas que ya tienen dinero", se decía. En lugar de eso, se enfocaba en lo que podía disfrutar en el momento: los últimos gadgets, vacaciones, cenas fuera y compras impulsivas que le daban una felicidad temporal.

Pero todo cambió una noche, después de una conversación con su tío Tom en una reunión familiar.

El catalizador: una conversación con el tío Tom

El tío Tom de María siempre había sido un hombre callado y reservado. Nunca presumía de su riqueza, pero todos en la familia sabían que estaba bien económicamente. Se había jubilado temprano, vivía cómodamente y viajaba por el mundo. No llevaba un estilo de vida ostentoso, pero siempre parecía tranquilo y satisfecho con su situación financiera.

Durante la cena, Tom mencionó casualmente que había invertido recientemente en bienes raíces y estaba viendo buenos rendimientos. "Es genial ver cómo mi dinero trabaja para mí", dijo, casi sin darle importancia. María, que siempre había considerado la inversión como un mundo misterioso y complicado, se sintió intrigada.

"¿Qué quieres decir con que tu dinero trabaja para ti?" preguntó.

Tom sonrió. "Bueno, María, la diferencia entre quienes avanzan financieramente y quienes no a menudo se reduce a una sola cosa: mentalidad. Cuando gastas, siempre estás persiguiendo algo externo, ya sea posesiones materiales o gratificación instantánea. Cuando inviertes, estás poniendo tu dinero a trabajar para que crezca y construya riqueza para tu futuro."

María estaba escéptica. "¿Pero no es arriesgado invertir? ¿Y no necesitas mucho dinero para empezar?"

Tom asintió. "Todo tiene un riesgo, pero la clave está en entender en qué estás invirtiendo y empezar poco a poco. No necesitas ser rico para invertir; solo necesitas comenzar con lo que tienes y construir con el tiempo. Yo no comencé con bienes raíces. Empecé con acciones y fondos mutuos. Pero el cambio más importante que hice fue en mi mentalidad. En lugar de pensar, 'necesito gastar en esto', comencé a pensar, '¿cómo puedo hacer que mi dinero trabaje para mí?'"

María se sorprendió por la simplicidad de Tom. Parecía un cambio pequeño, pero con un peso profundo. Se dio cuenta de que ella se había enfocado en lo inmediato: comprar el próximo objeto brillante, disfrutar del placer instantáneo. Mientras tanto, su tío había centrado su atención en el futuro, pensando en cómo hacer que su dinero creciera, incluso cuando no estaba trabajando.

Esa noche, María volvió a casa reflexionando sobre sus hábitos de gasto y los efectos a largo plazo que estos tenían en su futuro.

El Cambio de Mentalidad

Al día siguiente, María comenzó a reflexionar sobre sus hábitos financieros. "¿Y si dejo de pensar en el dinero como algo para gastar y empiezo a verlo como algo para invertir?"

Al principio, la idea de pasar de gastar a invertir se sentía extraña e intimidante. Siempre había vivido disfrutando de sus ingresos en lugar de hacer que trabajaran para ella. Pero cuanto más lo pensaba, más se daba cuenta de que ese cambio de mentalidad podía ser la clave para construir la vida que quería, con libertad financiera, seguridad e incluso la posibilidad de retirarse temprano como su tío Tom.

María sabía que no tenía mucho dinero extra a mano, pero también llegó a algunas conclusiones importantes:

Pequeños cambios conducen a grandes resultados: No tenía que hacer cambios drásticos de inmediato. Incluso pequeñas cantidades, como $100 aquí y allá, podían acumularse con el tiempo. "Es el poder del interés compuesto," pensó.

Gratificación diferida: Había estado gastando impulsivamente, comprando cosas solo porque podía. ¿Y si, en lugar de eso, posponía esas compras e invertía ese dinero? Si podía aplazar el placer de gastar hoy, obtendría mayores recompensas en el futuro.

Pensar a largo plazo: En lugar de intentar seguir las tendencias, María se dio cuenta de que necesitaba centrarse en construir riqueza a largo plazo, no en placeres momentáneos. "¿Qué pasaría si invirtiera el dinero que gasto en bolsos de diseñador en acciones o bienes raíces?" se preguntó.

Tomando acción: Empezar pequeño, pensar en grande

El mes siguiente, María tomó una decisión. Comenzó automatizando una parte de su sueldo en una cuenta de retiro, algo que nunca había hecho antes. Eligió una cantidad modesta al principio, $200 al mes, que no parecía mucho, pero era un comienzo. Luego, configuró una segunda transferencia automática a una cuenta de corretaje donde podía comprar acciones individuales y fondos mutuos.

También redujo algunos de sus gastos discrecionales: nada de compras espontáneas ni vacaciones costosas. En lugar de salir a comer cinco veces por semana, comenzó a cocinar en casa con más frecuencia y redirigió el dinero ahorrado a sus cuentas de inversión.

Con el tiempo, la perspectiva de María comenzó a cambiar. Invertir no se sentía como un sacrificio; más bien, se sentía como una estrategia para su futuro. No se trataba de negarse felicidad o placer, sino de asegurarse de que su yo del futuro le agradecería. Cada vez que contribuía a su cuenta de inversiones, sentía una sensación de logro, sabiendo que estaba cuidando de sí misma a largo plazo, no solo viviendo el presente.

María también comenzó a educarse más sobre las inversiones. Leyó libros, escuchó pódcasts y tomó cursos en línea. Aunque al principio invertir parecía un mundo complejo, pronto se dio cuenta de que, con un poco de educación, no era tan difícil de entender. Con el tiempo, ganó confianza en sus elecciones, tomando decisiones de inversión más inteligentes y diversificando su portafolio.

La recompensa: Ver los frutos de sus inversiones

Después de un año invirtiendo de manera consistente, María comenzó a ver resultados. Su cuenta de retiro estaba creciendo, y las acciones en su cuenta de corretaje habían aumentado de valor. Cuanto más invertía, más entendía el poder del interés compuesto y la idea de que su dinero estaba creciendo por sí solo, generando rendimientos sobre rendimientos.

Pero la mayor recompensa fue el cambio en su mentalidad. Ya no se sentía como una participante pasiva en su vida financiera. En lugar de eso, se sentía empoderada, sabiendo que estaba construyendo algo que la respaldaría en el futuro.

Dos años después, María alcanzó su meta de tener suficiente dinero para el pago inicial de su primera casa. ¿Y lo mejor de todo? El dinero que había estado invirtiendo durante los últimos dos años había crecido tanto que su pago inicial era mayor de lo que había planeado originalmente. Ya no dependía del crédito o de préstamos para hacer compras importantes; sus inversiones le habían permitido vivir cómodamente y comprar la casa de sus sueños, sin comprometer su seguridad financiera a largo plazo.

La lección: Cambiar tu mentalidad de gastar a invertir

La historia de María nos enseña que lo más poderoso que podemos cambiar no es el saldo de nuestra cuenta bancaria, sino nuestra mentalidad. Cambiar de una mentalidad de gastar a una mentalidad de invertir no se trata solo de recortar gastos o hacer sacrificios. Se trata de elegir el crecimiento a largo plazo sobre la gratificación instantánea. Se trata de hacer que tu dinero trabaje para ti, en lugar de trabajar solo para gastarlo.

Para María, el cambio no fue instantáneo. Le tomó tiempo, disciplina y educación. Pero la clave estuvo en ese cambio de mentalidad. En lugar de enfocarse en cómo podía gastar su dinero, comenzó a pensar en cómo podía usarlo para generar riqueza. Y una vez que hizo ese cambio de mentalidad, todo lo demás encajó.

Ahora, cuando María piensa en sus metas financieras, no piensa en lo que puede comprar hoy; piensa en lo que puede invertir hoy que le traerá mayores rendimientos mañana. Y esa mentalidad, por encima de todo, ha sido su mejor inversión.

Capítulo 6

Libertad financiera y el último empuje

El objetivo final para muchos es la independencia financiera, que para mí significa la capacidad de vivir sin depender de un salario. Este capítulo proporcionará un plan para alcanzar la libertad financiera y mantenerse motivado hasta llegar a la meta.

La independencia financiera es el objetivo supremo para muchos y significa contar con suficientes ingresos pasivos para cubrir tus gastos de vida, liberándote de la necesidad de trabajar por dinero. No se trata únicamente de acumular riqueza, sino de lograr la libertad para vivir bajo tus propios términos, perseguir tus pasiones y contribuir a las causas que te importan. Ya sea a través de los principios del movimiento FIRE (Independencia Financiera, Retiro Temprano) u otras estrategias, alcanzar la independencia financiera requiere una planificación cuidadosa, acciones disciplinadas y alineación con tus valores personales.

¿Qué es la independencia financiera?

Definición:

La independencia financiera ocurre cuando tus ingresos pasivos, provenientes de inversiones, propiedades de alquiler, dividendos u otras fuentes, superan tus gastos mensuales. En este punto, trabajar se convierte en una opción, y el estrés financiero disminuye considerablemente.

Métricas clave para determinar tu "número objetivo".

Regla de los gastos anuales x 25:

Un punto de referencia común para la independencia financiera es ahorrar 25 veces tus gastos anuales, basado en la tasa de retiro seguro del 4% de tu portafolio.

Metas personalizadas:

Tu "número objetivo" depende de tu estilo de vida, el nivel de comodidad deseado y tus obligaciones financieras. Por ejemplo, alguien con un estilo de vida minimalista podría necesitar mucho menos que alguien con un estilo de vida costoso.

Libertad más allá del dinero:

Lograr la independencia financiera no se trata solo de seguridad económica, sino también de la capacidad de dedicar tu tiempo a cosas significativas, como perseguir pasatiempos, viajar o dedicar tiempo a causas filantrópicas.

El movimiento IRRT: un camino hacia la independencia financiera

El movimiento IRRT (Independencia Financiera, Retiro Temprano) ofrece un enfoque estructurado para alcanzar la independencia financiera más rápido que las líneas de tiempo tradicionales de jubilación. Este movimiento enfatiza el ahorro agresivo, la inversión y la frugalidad para acumular riqueza de manera eficiente.

¿Qué sigue después de lograr la "libertad financiera"?

Mucha gente me pregunta cuál es el siguiente paso después de alcanzar "el millón" o simplemente la independencia financiera. Para mí, estos son los pasos que deberían seguirse, y los describiré a continuación. Pero mi primer consejo es: **¡Vive la vida que siempre quisiste y simplemente sal a disfrutarla!**

La vida después de la independencia financiera: Un enfoque basado en valores

Lograr la independencia financiera es un hito, no el destino final. Para muchos, el siguiente paso es usar su riqueza para crear una vida significativa y satisfactoria.

Apoyar las causas que te importan

La independencia financiera te permite dedicar recursos a la filantropía o al voluntariado. Ya sea apoyando la educación, iniciativas ambientales o justicia social, tu riqueza puede tener un impacto positivo en el mundo.

Perseguir tus pasiones

Con seguridad financiera, tienes la libertad de explorar pasatiempos, proyectos creativos o emprendimientos que estén alineados con tus intereses y talentos.

Ayudar a otros

Muchos individuos financieramente independientes encuentran satisfacción al compartir su conocimiento o recursos, ya sea como mentores o ayudando a familiares y amigos.

Vivir alineado con tus valores

Un viaje financiero pleno no se trata solo de acumular riqueza por sí misma. Se trata de asegurarte de que tus elecciones financieras reflejen tus prioridades, ya sea viajar, simplificar tu estilo de vida o contribuir a mejorar el mundo.

Independencia financiera: Más que dinero

La independencia financiera no se trata solo de dinero, sino de libertad, elecciones y vivir una vida alineada con tus valores. Al establecer metas claras, adoptar los principios del movimiento FIRE y mantener la motivación mediante un ahorro e inversión disciplinados, puedes lograr la independencia financiera antes que la mayoría.

Una vez alcanzada, la verdadera recompensa radica en usar tu riqueza para perseguir tus pasiones, ayudar a otros y crear una vida con propósito. El viaje puede requerir sacrificios, pero la plenitud de la independencia financiera hace que valga la pena.

La historia de Alex

Alex siempre había soñado con la libertad financiera, esa clase de libertad en la que tu dinero trabaja para ti, y no al revés. Creció en un hogar humilde donde sus padres eran trabajadores incansables, pero sus salarios no dejaban mucho margen para ahorrar o invertir. Sin embargo, Alex era diferente. Desde joven, se propuso no caer en la misma trampa de vivir al día. Sabía que para avanzar tendría que romper el ciclo de vivir de sueldo en sueldo.

El inicio del camino

A sus 30 años, Alex ya había logrado mucho. Tenía un buen trabajo como gerente de producto en una startup tecnológica, vivía en un apartamento modesto pero cómodo y estaba a punto de pagar los préstamos estudiantiles que lo habían agobiado durante años. Sin embargo, algo seguía inquietándolo: aún no era financieramente libre.

Había ahorrado un pequeño fondo de emergencia e invertido algo de dinero en acciones, pero nunca parecía suficiente. Seguía viviendo bajo la sombra de "una mala decisión financiera" o "una factura inesperada" que podía descarrilarlo. Aún no estaba en una posición para renunciar a su trabajo, viajar por el mundo o dedicarse a lo que realmente amaba sin preocuparse por el dinero.

Alex había escuchado las historias de personas que lograron la libertad financiera y estaba decidido a que, algún día, él también lo lograría. Pero, ¿cómo hacerlo?

El largo camino hacia la libertad

No es que Alex no estuviera haciendo las cosas "correctas". Había leído libros, seguido blogs y escuchado podcasts sobre finanzas personales. Conocía todas las reglas: ahorrar al menos el 20% de sus ingresos, evitar la inflación del estilo de vida, invertir en fondos indexados de bajo costo y construir ingresos pasivos. Había reducido sus gastos: nada de membresías caras de gimnasio ni salidas nocturnas semanales. Había eliminado su deuda y hecho progresos constantes en la construcción de su portafolio de inversiones.

Sin embargo, había momentos en los que se sentía desanimado. Su sueldo no crecía tan rápido como esperaba, y el mercado era impredecible. Algunas de sus inversiones no habían tenido el rendimiento esperado. Y aunque su patrimonio neto crecía constantemente, parecía que aún faltarían años, quizás décadas, para que pudiera decir que era financieramente libre.

Además, Alex tenía un gran sueño: quería retirarse temprano y empezar su propio negocio de marketing digital. Pero, con el ritmo actual, ese sueño parecía inalcanzable. Era una meta que se sentía tan lejana que resultaba difícil de imaginar.

Una tarde de sábado, sentado en su escritorio mirando su tablero financiero, Alex tuvo un pensamiento: "¿Qué pasaría si hiciera un último esfuerzo para alcanzar mi meta? ¿Podría tomar una decisión audaz que acelerara todo el proceso?"

Comenzó a hacer una lluvia de ideas. Sabía que necesitaba aumentar sus ingresos, pero trabajar más horas en su empleo actual no era una opción atractiva. Necesitaba algo que generara riqueza a largo plazo sin consumir toda su energía. Fue entonces cuando lo entendió: ya había incursionado en el sector inmobiliario, pero, ¿qué pasaría si lo tomara en serio? ¿Y si se enfocaba en generar ingresos pasivos a través de propiedades?

El último empuje: El salto al sector inmobiliario

Alex no era ajeno al concepto de bienes raíces. Unos años atrás, había comprado un pequeño condominio de dos habitaciones que alquilaba. Los ingresos por alquiler eran decentes, pero a pequeña escala. Pensó en sus ahorros actuales y se dio cuenta de que podría aprovechar préstamos de bajo interés para comprar más propiedades. Este podría ser el "último empuje" que necesitaba para alcanzar su meta de independencia financiera.

Pasó semanas investigando estrategias de inversión inmobiliaria. Aprendió sobre el "house hacking", una estrategia donde compras una propiedad multifamiliar, vives en una unidad y alquilas las otras. Esta estrategia le permitiría vivir prácticamente gratis (o incluso obtener ganancias) mientras acumulaba capital en la propiedad. Era el ajuste perfecto: podría escalar su portafolio de inversiones y generar ingresos pasivos más rápido.

Alex decidió actuar. Vendió su condominio y utilizó las ganancias como pago inicial para una propiedad de cuatro unidades en un vecindario en crecimiento. La hipoteca era más alta, pero los ingresos por alquiler de las otras tres unidades cubrirían los costos. Además, al considerar la apreciación de la propiedad y los beneficios fiscales, se dio cuenta de que esta inversión no solo se pagaría sola, sino que también generaría flujo de efectivo adicional cada mes.

La transformación: El poder del ingreso pasivo

Los primeros meses después de comprar la propiedad fueron estresantes. Había reparaciones que hacer, inquilinos que gestionar y la constante sensación de "¿y si algo sale mal?". Pero Alex estaba comprometido con su plan. Trabajó con un administrador de propiedades para manejar las operaciones diarias, lo que le permitió concentrarse en su trabajo diario mientras desarrollaba su negocio inmobiliario. Poco a poco, las cosas comenzaron a encajar.

Durante el siguiente año, los ingresos por alquiler de su nueva propiedad cubrieron su hipoteca, servicios y costos de mantenimiento. ¿Lo mejor? Esto liberó más ingresos para invertir aún más. Con el flujo de efectivo adicional, Alex compró una segunda propiedad multifamiliar, y luego una tercera. Cada nueva propiedad generaba más ingresos pasivos, creando un efecto de bola de nieve. Su meta de retirarse temprano y lograr la independencia financiera se estaba volviendo una realidad, más rápido de lo que imaginaba.

En dos años, Alex había construido un portafolio de cinco propiedades de alquiler. Sus ingresos por alquiler cubrían todos sus gastos de vida y más. Ya no era solo financieramente estable; ahora era financieramente libre. Sus propiedades generaban suficiente flujo de efectivo para permitirle dejar su empleo y dedicarse a tiempo completo a su negocio inmobiliario, que estaba creciendo rápidamente. Finalmente, Alex tenía control sobre su tiempo y su dinero.

El momento de claridad: Independencia financiera alcanzada

Una noche, sentado en el balcón de su nueva casa y viendo el atardecer sobre la ciudad, Alex recordó de dónde había comenzado. El camino había sido largo, lleno de desafíos, sacrificios y momentos de duda. Pero todos esos sacrificios lo habían llevado hasta allí: a un lugar donde no tenía que preocuparse por las facturas, donde su dinero trabajaba para él y donde tenía la libertad de elegir cómo pasar su tiempo.

Esa noche, inició sesión en su tablero financiero. Sus propiedades de alquiler, junto con el portafolio de acciones que había construido a lo largo de los años, ahora generaban más ingresos de los que podría gastar. Podía retirarse mañana, viajar por el mundo o emprender cualquier proyecto que quisiera.

Alex sonrió, sintiendo una profunda satisfacción. El último empuje había funcionado. La inversión inmobiliaria había sido el catalizador que necesitaba para llevar su independencia financiera al siguiente nivel, pero fue la combinación de planificación, paciencia y decisiones inteligentes lo que lo había llevado hasta ese punto. Ya no solo era libre financieramente; estaba viviendo la vida en sus propios términos.

La lección: El poder de un último empuje

La historia de Alex demuestra que alcanzar la independencia financiera a menudo requiere una combinación de estrategia a largo plazo, paciencia y, a veces, una decisión audaz. Para Alex, fue su salto al sector inmobiliario lo que marcó la diferencia: el último empuje que aceleró su camino hacia la independencia financiera.

Pero la verdadera lección es que la libertad financiera no se trata solo de tener un gran salario o tomar decisiones arriesgadas. Se trata de tomar decisiones inteligentes y calculadas, ser disciplinado y buscar siempre formas de trabajar de manera más inteligente, no más dura. Cuando combinas un plan claro con acciones enfocadas, la meta no está tan lejos como parece.

A veces, todo lo que se necesita es ese último empuje, ya sea un trabajo adicional, una inversión o un cambio de mentalidad, para convertir tus metas financieras en realidad. La historia de Alex es prueba de que, con persistencia y estrategia, cualquiera puede alcanzar la libertad financiera y vivir la vida según sus propios términos.

Capítulo 7
El poder del ahorro

¿Ahorrar dinero? ¿Divertido?

Quizás pienses: "Sí, claro..."; pero escúchame. Ahorrar dinero no tiene por qué significar renunciar a lo que amas o abandonar tus lujos favoritos. De hecho, la verdadera diversión de ahorrar dinero viene de la sensación de empoderamiento, libertad y las pequeñas victorias en el camino. Se trata de ganar cada vez que tomas una decisión financiera inteligente y darte cuenta de que cada dólar que ahorras es como un pequeño trofeo, construyendo tu futuro paso a paso.

Aquí viene la parte divertida: Ahorrar dinero no es una tarea aburrida o restrictiva. Si lo abordas con la mentalidad correcta, se convierte en un juego donde siempre ganas. Imagina la emoción de vencer compras impulsivas, encontrar ofertas increíbles o descubrir formas de disfrutar la vida sin sentir culpa por gastar de más. Ahorrar puede ser como una búsqueda del tesoro, donde el tesoro es tu libertad financiera futura.

Aunque al principio ahorrar dinero no suene emocionante, y a menudo se asocia con sacrificios, restricciones y perderse lujos, con el enfoque correcto se transforma de una tarea rutinaria a un desafío gratificante e incluso divertido. La verdadera diversión no radica en la privación, sino en el empoderamiento, la creatividad y la sensación de logro que viene con cada elección financiera inteligente.

Ahorrar dinero no tiene por qué ser una carga; puede ser un viaje divertido, empoderador y profundamente satisfactorio. Al tratarlo como un juego, celebrar pequeñas victorias y enfocarte en la libertad que trae, ahorrar se convierte menos en restricción y más en oportunidad. Con la mentalidad adecuada, cada dólar ahorrado es un paso más cerca de la vida que imaginas, convirtiendo la disciplina financiera en una aventura emocionante y llena de logros.

Formas en las que ahorrar dinero puede ser divertido

El desafío:

Piensa en ahorrar como un desafío personal. ¿Puedes pasar una semana entera sin comprar ese café matutino? ¿Qué tal encontrar cinco cosas que puedes eliminar de tu presupuesto sin notarlo? Estas pequeñas victorias se suman a grandes logros, y cada vez que alcanzas una meta, se siente como desbloquear un nuevo nivel en un juego.

La satisfacción de las pequeñas victorias:

¿Alguna vez has evitado una compra impulsiva y te has sentido como un ninja financiero? Ese momento en el que decides no comprar algo que no necesitas y transfieres ese dinero directamente a tus ahorros es como darte un auto-aplauso por ser financieramente astuto.

La emoción de encontrar ofertas:

No tienes que renunciar a las cosas divertidas para ahorrar dinero; solo necesitas ser creativo. Buscar descuentos, encontrar formas únicas de disfrutar actividades por menos dinero o aprender a hacer que las cosas duren más se siente como ser un detective astuto. Ahorrar en algo que realmente deseas es como ganar un pequeño premio mayor.

El fondo para tus sueños futuros:

Crear un fondo de ahorros para tus sueños convierte el acto de ahorrar en algo inspirador. Cada vez que agregas dinero a ese fondo, estás invirtiendo en tu visión de futuro, ya sea un viaje soñado, la casa de tus sueños o jubilarte temprano.

Con el enfoque correcto, ahorrar no es solo una tarea, es una oportunidad para convertir la disciplina financiera en algo emocionante y significativo.

Ahorrar no se trata solo de sacrificios, se trata de invertir en el futuro que tú deseas.

Ya sea un viaje a Bali, una jubilación anticipada o una vida sin estrés, cada dólar que ahorres es un paso más hacia ese sueño. Y cada vez que ahorras, estás financiando tu futuro. ¡Eso sí que es emocionante!

Ahorrar con amigos

Comparte la experiencia con otros. Intenta un desafío de ahorro con amigos o familiares: quien ahorre más en un mes gana un premio divertido. Convertir el ahorro en un esfuerzo grupal puede hacer que se sienta menos como una tarea y más como un juego social.

Así que, la próxima vez que pienses en ahorrar, no lo veas como un sacrificio. Míralo como una forma de mejorar tu vida con más libertad, más opciones y más diversión en el camino. Ahorrar dinero no tiene que ver con lo que dejas atrás, sino con la emoción de lo que estás construyendo para el futuro. ¿Quién diría que tener algo de dinero en el banco podría hacerte sentir como una estrella de rock?

Lograr la independencia financiera sin emprender

Alcanzar la independencia financiera sin iniciar un negocio es absolutamente posible, y no requiere una idea millonaria ni un trabajo extra que consuma todo tu tiempo. Aquí hay estrategias inteligentes y prácticas para lograr la independencia financiera sin necesidad de emprender:

1. Domina el arte del ahorro y el presupuesto

La base de la independencia financiera radica en ahorrar de manera constante y vivir por debajo de tus posibilidades. Comienza controlando tus ingresos y gastos para comprender a dónde va tu dinero.

Establece un presupuesto: Crea uno que te permita ahorrar una parte significativa de tus ingresos cada mes. Apunta a al menos el 20-30%.

Automatiza tus ahorros: Configura transferencias automáticas a una cuenta de ahorros o de inversión para garantizar que ahorras primero y gastas después.

Consejo: Vivir por debajo de tus posibilidades no significa privarte; se trata de priorizar lo que realmente importa. Concéntrate en las cosas que te traen felicidad y recorta gastos innecesarios que no agregan valor real a tu vida.

2. Invierte en fondos indexados y ETFs

No necesitas ser un experto en la bolsa para generar riqueza. Los fondos indexados y los ETFs (Fondos Cotizados en Bolsa) son excelentes opciones para invertir a largo plazo sin complicaciones.

Diversifica tu portafolio: Estos fondos suelen seguir un índice amplio del mercado (como el S&P 500), ofreciendo diversificación automática y minimizando riesgos.

Aportes constantes: Contribuye regularmente a tus inversiones. Piénsalo como pagarte a ti mismo primero. Con el tiempo, el interés compuesto trabajará a tu favor y tu dinero crecerá pasivamente.

Consejo: Incluso pequeñas cantidades invertidas consistentemente pueden acumularse significativamente. Empieza temprano y contribuye con lo que puedas.

3. Evita la inflación del estilo de vida

A medida que tus ingresos aumenten (ya sea con aumentos, bonos u otras fuentes), resiste la tentación de gastar más en la misma proporción. La inflación del estilo de vida es un enemigo silencioso de la riqueza.

Mantén estables tus gastos: Cuando recibas un aumento, ahorra o invierte ese ingreso extra en lugar de actualizar tu estilo de vida con casas más grandes, autos más lujosos o hábitos más caros.

Enfócate en tus metas financieras: Dirige ese ingreso "extra" hacia tus objetivos financieros a largo plazo, como construir un fondo de emergencia, pagar deudas o invertir.

Consejo: Considera mantener el mismo estándar de vida que tenías cuando ganabas menos, y destina el dinero extra a tus ahorros o inversiones.

4. Vive por debajo de tus posibilidades, pero disfruta la vida

Alcanzar la independencia financiera no significa sacrificar la diversión o la felicidad. Se trata de asignar tu dinero de manera intencional. Encuentra formas de disfrutar la vida con un presupuesto:

Prioriza experiencias sobre cosas materiales: Las experiencias (viajes, pasatiempos, tiempo con seres queridos) suelen traer más felicidad a largo plazo que las posesiones materiales.

Sé estratégico al gastar: Compra lo que necesitas, pero no temas darte un gusto en las cosas que realmente importan para ti.

Consejo: El secreto está en el equilibrio. Disfruta de la vida mientras también eres consciente de a dónde va tu dinero. Ahorrar e invertir no deberían sentirse como un castigo, sino como una forma de empoderamiento.

5. Construye un fondo de emergencia

Antes de invertir agresivamente o trabajar hacia la independencia financiera, asegúrate de tener un colchón financiero sólido.

3-6 meses de gastos: Idealmente, ten suficiente para cubrir entre 3 y 6 meses de gastos de vida en caso de imprevistos (pérdida de empleo, problemas médicos, etc.).

Liquidez: Mantén este fondo en una cuenta de bajo riesgo y fácilmente accesible, como una cuenta de ahorros de alto rendimiento o un fondo del mercado monetario.

Consejo: Piensa en tu fondo de emergencia como tu red de seguridad financiera. No es solo para "días lluviosos," es tranquilidad para cuando la vida te sorprenda.

6. Paga tus deudas (especialmente las de alto interés)

Las deudas son uno de los mayores obstáculos para la independencia financiera. Enfócate en eliminar las deudas de alto interés (como las tarjetas de crédito) lo antes posible.

Métodos de pago: Usa el método "bola de nieve" para pagar primero las deudas pequeñas o el método "avalancha" para atacar las de mayor interés.

Evita nuevas deudas: Una vez libre de deudas de alto interés, evita acumular nuevas que puedan retrasar tu progreso hacia la independencia financiera.

Consejo: Cuanta menos deuda tengas, menos necesitarás ganar para mantener tu estilo de vida. Es más difícil lograr la independencia financiera si estás cargando con deudas.

La independencia financiera no requiere medidas extremas, pero sí compromiso, disciplina y un enfoque estratégico. Estas prácticas, combinadas, pueden ayudarte a construir la libertad financiera que deseas y permitirte vivir una vida plena y sin preocupaciones.

7. Incrementa tu educación financiera

No necesitas convertirte en un experto financiero de la noche a la mañana, pero aprender sobre la gestión del dinero puede marcar una gran diferencia en tu capacidad para tomar decisiones financieras inteligentes.

Lee libros, escucha podcasts y toma cursos sobre finanzas personales, inversiones y creación de riqueza.

Aprende los conceptos básicos de inversiones, estrategias fiscales y planificación patrimonial. Comprender estos temas te ayudará a tomar mejores decisiones con tu dinero.

Consejo: Cuanto más aprendas, más seguro te sentirás al tomar decisiones alineadas con tu objetivo de independencia financiera. ¡El conocimiento es poder!

8. Enfócate en generar ingresos pasivos

Aunque no quieras iniciar un negocio completo, crear flujos de ingresos pasivos puede marcar una gran diferencia. Piensa en formas de hacer que el dinero trabaje para ti, en lugar de depender únicamente de tu salario.

Propiedades de alquiler: Invierte en bienes raíces que generen ingresos por renta.

Acciones que pagan dividendos: Invierte en acciones que ofrezcan dividendos, proporcionándote ingresos regulares sin tener que vender tus inversiones.

Préstamos entre pares: Explora plataformas como Lending Club o Prosper para ganar intereses sobre tus ahorros al prestar dinero.

Consejo: El objetivo es configurar flujos de ingresos que requieran poco trabajo continuo, pero que generen dinero con el tiempo. Incluso flujos pequeños pueden sumar significativamente a largo plazo.

9. Practica la paciencia

La independencia financiera no es un esquema para hacerse rico rápidamente. Se trata de consistencia, paciencia y mantener tu plan a lo largo del tiempo. Construir riqueza lleva tiempo, pero los resultados valdrán la pena.

Haz un seguimiento de tu progreso: Celebra las pequeñas victorias y observa cómo crecen tus ahorros e inversiones con el tiempo.

Mantén el rumbo: El camino hacia la independencia financiera puede ser lento a veces, pero mientras seas disciplinado, la recompensa llegará.

Consejo: La clave para la independencia financiera es el tiempo. Cuanto antes empieces y más consistentemente ahorres e inviertas, más pronto podrás disfrutar los frutos de tus esfuerzos.

Guía integral para entender los tipos de inversiones y estrategias inteligentes

Invertir es un componente crítico para la creación de riqueza. Al comprender los tipos de inversiones disponibles y emplear estrategias inteligentes, puedes hacer crecer tu patrimonio, crear flujos de ingresos pasivos y asegurar la independencia financiera a largo plazo. A continuación, desglosamos los tipos clave de inversiones, explicamos cómo invertir sabiamente y exploramos el papel de la inversión en el éxito financiero.

Tipos de inversiones

1. Acciones

Qué son: Representan la propiedad de una empresa, otorgando a los inversores una parte de las ganancias de la empresa a través de dividendos o la apreciación del valor de las acciones.

Beneficios: Alto potencial de crecimiento, ya que los valores de las acciones pueden aumentar significativamente con el tiempo.

Riesgos: La volatilidad es inherente, con valores que fluctúan debido a las condiciones del mercado, el desempeño de la empresa o eventos económicos.

Para quién es: Inversores dispuestos a aceptar mayores riesgos a cambio del potencial de mayores retornos, especialmente aquellos con horizontes a largo plazo.

2. Bonos

Qué son: Valores de renta fija emitidos por gobiernos o empresas que pagan intereses regulares hasta su vencimiento, momento en el que se reembolsa el principal.

Beneficios: Menor riesgo que las acciones, proporcionando estabilidad en una cartera. A menudo se utilizan para preservar el capital o generar ingresos constantes.

Riesgos: Menores retornos en comparación con las acciones; vulnerables a la inflación y los cambios en las tasas de interés.

Para quién es: Inversores conservadores o aquellos cerca de la jubilación que priorizan la estabilidad y los ingresos sobre altos retornos.

3. Fondos Mutuos y ETFs (Fondos Cotizados en Bolsa)

Qué son: Inversiones colectivas que mantienen una cartera diversificada de acciones, bonos u otros activos, administrados por profesionales. Los ETFs se negocian como acciones en las bolsas de valores.

Beneficios: Ofrecen diversificación, reduciendo el riesgo al distribuir inversiones en múltiples activos. Son fáciles de usar para principiantes y rentables.

Riesgos: Sujetos a riesgos del mercado, tarifas y rendimiento del gestor.

Para quién son: Tanto para principiantes como para inversores experimentados que buscan simplicidad y diversificación.

4. Bienes Raíces

Qué son: Inversiones en propiedades físicas como viviendas residenciales, espacios comerciales o terrenos. Los ingresos pueden generarse a través de alquileres, mientras las propiedades suelen apreciarse en valor.

Beneficios: Activo tangible que ofrece cobertura contra la inflación y diversificación de cartera.

Riesgos: Requiere un capital inicial significativo y gestión continua; las caídas del mercado pueden reducir el valor de la propiedad.

Para quién son: Inversores que buscan rendimientos estables a largo plazo e interesados en administrar propiedades.

5. Otros Activos

Qué son: Incluyen materias primas (por ejemplo, oro, petróleo), criptomonedas o inversiones alternativas como capital de riesgo o arte.

Beneficios: Ofrecen oportunidades únicas de altos rendimientos y diversificación de cartera. Las materias primas son una cobertura contra la inflación; las criptomonedas ofrecen potencial especulativo.

Riesgos: Alta volatilidad y retornos menos predecibles; a menudo requieren conocimientos especializados.

Para quién son: Inversores avanzados dispuestos a explorar mercados de nicho o aceptar mayores riesgos a cambio de mayores recompensas.

Cómo invertir sabiamente

1. Comienza temprano

Por qué importa: El tiempo es un aliado poderoso gracias a la magia del interés compuesto, donde los rendimientos generan más rendimientos. Comenzar temprano amplifica el crecimiento de la riqueza a lo largo de las décadas.

Ejemplo: Invertir $200 al mes desde los 25 años, con un rendimiento anual del 7%, puede crecer a más de $500,000 para la jubilación. Esperar hasta los 35 años reduce esa cantidad a la mitad.

2. Diversifica tu cartera

Por qué importa: Distribuir inversiones entre diferentes clases de activos mitiga el riesgo. Mientras un activo puede tener un desempeño deficiente, otros pueden sobresalir, equilibrando el portafolio en general.

Consejo: Combina acciones para el crecimiento, bonos para la estabilidad y activos alternativos para diversificación.

3. Comprende tu tolerancia al riesgo

Por qué importa: Tu comodidad con el riesgo afecta tus elecciones de inversión. Los inversores más jóvenes, con tiempo para recuperarse de caídas del mercado, pueden asumir más riesgos, mientras que los mayores suelen priorizar la preservación del capital.

Cómo evaluarlo: Considera factores como edad, estabilidad de ingresos y metas financieras al evaluar la tolerancia al riesgo.

4. Enfócate en el crecimiento a largo plazo

Por qué importa: Invertir con éxito requiere paciencia. Las fluctuaciones del mercado a corto plazo son inevitables, pero con el tiempo, los mercados generalmente tienden a crecer.

Ejemplo: El S&P 500 ha entregado históricamente retornos promedio anuales de alrededor del 7-10%, a pesar de las caídas ocasionales.

5. Busca asesoramiento profesional si es necesario

Por qué importa: Navegar por las complejidades de la inversión puede ser abrumador. Un asesor financiero puede ayudarte a crear una estrategia personalizada basada en tus metas, horizonte temporal y tolerancia al riesgo.

Consejo: Asegúrate de que el asesor sea confiable y comprenda tus necesidades únicas.

Reflexión Final: No necesitas ser un genio empresarial para lograr la independencia financiera

Alcanzar la independencia financiera sin iniciar un negocio no solo es posible, sino totalmente factible para cualquier persona dispuesta a ahorrar, invertir y tomar decisiones financieras inteligentes.

Al enfocarte en el ahorro constante, la inversión estratégica, la reducción de deudas y la creación de ingresos pasivos, puedes construir riqueza de manera constante y cómoda con el tiempo.

Lo mejor de todo es que no necesitas ser un emprendedor, trabajar 80 horas a la semana o adoptar una mentalidad de "hustle" para lograr tus metas. Con la mentalidad correcta y un enfoque disciplinado, puedes disfrutar de una vida de libertad financiera y la tranquilidad que conlleva.

Recuerda:

El camino puede no ser siempre fácil, pero las recompensas de la seguridad y la independencia financiera valen cada esfuerzo. Tienes el poder de crear el futuro que deseas, así que empieza hoy y construye la base financiera que apoyará tus sueños.

Imagina despertar cada mañana sin el peso del estrés financiero sobre ti. Imagina la capacidad de tomar decisiones basadas en lo que es importante para ti, no por miedo a quedarte sin dinero. Esto es lo que promete la libertad financiera.

La libertad financiera no significa ser rico ni poseer una mansión o un auto deportivo. Significa tener control sobre tu dinero y tu vida. Es la capacidad de tomar decisiones basadas en lo que te trae felicidad, no en lo que estás obligado a hacer para sobrevivir.

Piensa en esto: ¿Cómo sería tu vida si el dinero no fuera una limitación? La libertad financiera abre nuevas posibilidades. Te da el poder de vivir plenamente, de perseguir tus pasiones y de contribuir a las causas que te importan.

El poder de la libertad financiera

Cuando eres financieramente libre, no tienes que pasar tus días haciendo un trabajo que no amas solo para pagar las cuentas. Tienes el poder de seguir tus pasiones reales, ya sea empezar un negocio, viajar por el mundo o dedicar tiempo a proyectos creativos. La libertad financiera es la llave que desbloquea tu potencial para seguir tu corazón y crear la vida que siempre has soñado.

Libertad de tiempo

El recurso más valioso en la vida no es el dinero, sino el tiempo. La libertad financiera te da el lujo de elegir cómo empleas tu tiempo. En lugar de trabajar solo para llegar a fin de mes, puedes pasar tiempo con la familia, enfocarte en tu crecimiento personal o hacer voluntariado para una causa que te apasione. La libertad de tiempo significa que puedes vivir con intención, no por obligación.

Tranquilidad mental

Hay una sensación de paz que viene con saber que tu base financiera está segura. Ya no más noches sin dormir preocupándote de cómo pagarás la siguiente factura o de dónde vendrá tu próximo sueldo. Con la libertad financiera, tienes la comodidad de saber que puedes enfrentar cualquier tormenta, aprovechar nuevas oportunidades y concentrarte en lo que realmente importa.

Capacidad de dar de vuelta

Con la libertad financiera, no solo eres libre para vivir tu vida, sino también para ayudar a otros a vivir la suya. Ya sea donando a causas, apoyando a tu comunidad o proporcionando para tus seres queridos, la libertad financiera te permite marcar la diferencia en el mundo. Te da la oportunidad de dejar un legado, no solo en forma de dinero, sino también en el impacto que dejas en los demás.

¿Cómo lograr la libertad financiera?

Alcanzar la libertad financiera es un viaje, y comienza con una decisión simple: Estoy al control de mi futuro financiero. No ocurrirá de la noche a la mañana, pero con la mentalidad adecuada, disciplina y una estrategia clara, es absolutamente posible.

Construir la libertad financiera lleva tiempo. Habrá contratiempos, obstáculos y momentos de duda en el camino. Pero con persistencia, consistencia y una visión clara de tus metas, lo lograrás. La libertad financiera es el resultado de pequeñas decisiones inteligentes tomadas a lo largo del tiempo, no de un solo gran salto.

El poder está en tus manos

Recuerda, la libertad financiera no es solo un sueño; es una elección. Es la elección de tomar control de tu vida financiera y tomar decisiones que estén alineadas con tus metas, valores y futuro. Se trata de ser proactivo, asumir responsabilidades y saber que tienes el poder de moldear tu destino.

Eres capaz de mucho más de lo que piensas. Tienes el potencial de crear una vida de libertad, seguridad y propósito. Todo lo que se necesita es un cambio de mentalidad, un compromiso con tu crecimiento financiero y el valor de dar el primer paso hacia tu futuro.

Quiero que recuerdes esto:

La libertad financiera no se trata de una cantidad de dinero; se trata de la libertad de vivir la vida como la deseas. Es la libertad de despertar emocionado por las posibilidades que tienes por delante, la paz mental de saber que estás seguro y el poder de crear la vida que siempre has imaginado.

Así que, pregúntate hoy: ¿Qué tipo de vida quiero crear?

Y luego da los pasos, no importa cuán pequeños, para hacer de esa vida una realidad.

Tu futuro está en tus manos. Hagámoslo un futuro lleno de libertad, propósito y abundancia.

Espero que este libro te haya ayudado a encontrar las respuestas que estabas buscando.

www.ingramcontent.com/pod-product-compliance
Lightning Source LLC
Chambersburg PA
CBHW020646220526
45464CB00001B/307